우리가 주인공인 세계사
빙하기부터 다가올 미래까지 30명의 아이들과 떠나는 시간 여행

1판 1쇄 발행 2020. 12. 24

지은이 | 필립 윌킨슨　**그린이** | 스티브 눈
자문 | 제임스 딜리, 앤드루 로빈슨, 안젤라 맥도날드, 엘리너 롭슨,
자하라 뉴비, 데이비드 스니트, 다이앤 데이비스, 아이수 디서,
캐롤라인 도즈, 페니 로버츠, 에드 폭스, 세라 리처드슨
옮긴이 | 강창훈　**펴낸이** | 류종필
편집 | 장이린, 설예지　**디자인** | 박미정　**마케팅** | 김연일, 김유리
펴낸곳 | (주)도서출판 책과함께
주소 | 서울시 마포구 동교로 70 소와소빌딩 2층
전화 | 02-335-1982　**팩스** | 02-335-1316
전자우편 | prpub@hanmail.net　**블로그** | blog.naver.com/prpub
등록 | 2003년 4월 3일 제25100-2003-392호
ISBN 979-11-88990-81-8 (73900)

이 책의 한국어판 저작권은 영국 'Dorling Kindersley'와의
독점 계약으로 '(주)도서출판 책과함께'가 소유합니다.
저작권법에 의하여 한국 내에서 보호를 받는 저작물이므로 무단 전재 및 복제를 금합니다.

이 도서의 국립중앙도서관 출판시 도서목록(CIP)은 서지정보유통지원시스템 홈페이지
(http://seoji.go.kr)와 국가자료공동목록시스템(http://www.nl.go.kr/kolisnet)에서
이용하실 수 있습니다.(CIP제어번호: CIP2020033636)

A Child Through Time
The Book of Children's History

First published in Great Britain in 2017 by
Dorling Kindersley Limited
One Embassy Gardens, 8 Viaduct Gardens, London, SW11 7BW

Copyright© Dorling Kindersley Limited, 2017
A Penguin Random House Company
All rights reserved.
Korean Translation Copyright© CUM LIBRO, 2020

For the curious
www.dk.com

찾아보세요!

진짜 삶
이 별 모양은 실제 인물이었다는 뜻이야.

매 장면마다 숨어 있는 비둘기를 찾아봐!

차례

문명이 시작되다

6	마지막 빙하기에 사는 어린이, **타야**
8	인더스 강 유역에 사는 어린이, **아말라**
10	놀이의 역사, **역사 속 장난감들**
12	밭에서 일하던 고대 이집트 소년, **마이나흐트**
14	고대 이집트의 젊은 왕, **투탕카멘**

고대 도시가 발달하다

18	고대 도시 바빌론에서 자란 소년, **아밀라누**
20	훈련을 받고 있는 스파르타 전사, **레오니다스**
22	고대 로마 어린이, **아우렐리아**
24	옷은 어떻게 변했나, **입는 것의 역사**
26	아틸라 시대의 어린 훈족, **엘락**

강력한 제국이 통치하다

30	농업 공동체에서 살고 있는 마야 소녀, **익스첼**
32	바이킹 마을의 소녀, **스노프리다**
34	중세 유럽 기사의 조수, **베른하르트**
36	성지를 차지하기 위한 중세의 전쟁, **십자군 전쟁**
38	일본의 사무라이 전사 교육생, **다케시**

만든 사람들

지은이 필립 윌킨슨

영국 옥스포드 코퍼스 크리스티 대학교를 졸업했습니다. 작가가 되기 전 여러 출판사의 편집장을 거쳤습니다. 이후 어린이와 성인을 위한 역사, 예술, 종교 및 건축 분야에서 많은 책을 썼습니다.

40	칭기즈 칸이 이끈 거대한 제국, **몽골**
42	동서 교역로, **실크로드**
44	음식은 어떻게 변했나, **먹는 것의 역사**
46	흑사병이 휩쓴 시기를 살아가는 소녀, **테레사**
48	명 왕조 시기의 소년, **리성**
50	아즈텍의 도시 테노치티틀란에 사는 어린이, **틀라흐코**
52	조선 시대의 한국 소녀, **수경**

엄청난 변화가 불어닥치다

56	리스본의 시장에서 일하는 어린이, **알바로**
58	16세기 팀북투에 사는 어린이, **마리암**
60	르네상스 시기에 사는 어린이, **시모나**
62	유럽을 강타한 종교의 대격변, **종교 개혁**
64	오스만 제국의 예니체리 소속 병사, **베팀**
66	잉글랜드 소년 왕, **에드워드 6세**
68	전설이 된 포와탄 소녀, **포카혼타스**
70	버니지아에서 노예 생활을 하는 아프리카 소년, **아카치**
72	해적선의 심부름꾼, **존**
74	어린이 음악 영재, **모차르트**
76	하와이에서 배 만드는 법을 배우는 아이, **카하이**
78	학교는 어떤 모습이었나, **교육의 역사**
80	북아메리카 식민지인들의 투쟁, **미국 혁명**

1780년대부터 다가올 미래

84	프랑스 혁명 시기의 어린이, **장 프랑수아**
86	처형된 프랑스 왕비, **마리 앙투아네트**
88	면직 공장에서 일하는 어린이, **메리**
90	머리 강 하류에 사는 원주민 소년, **마라티네리**
92	갓 독립한 볼리비아에 사는 소녀, **나이라**
94	사랑받은 브라질 황제, **페드로 2세**
96	거친 서부를 여행하는 소녀, **마사**
98	교통수단은 어떻게 변했을까, **탈것의 역사**
100	아일랜드에서 온 뉴욕 이민자, **시머스**
102	북부와 남부가 나뉘다, **남북 전쟁**
104	혁명기의 러시아 공주, **아나스타샤**
106	전 세계를 강타한 전쟁이 가족의 삶을 바꾸다, **제1차 세계 대전**
108	간디의 소금 행진을 목격한 어린이, **히렌**
110	전 세계가 다시 전쟁의 소용돌이에 휘말리다, **제2차 세계 대전**
112	제2차 세계 대전 때 피난을 간 어린이, **수잔**
114	제2차 세계 대전 기간에 숨어 지내던 소녀, **안네 프랑크**
116	자본주의 대 공산주의, **냉전**
118	미국의 평등한 사회를 위한 투쟁, **시민권 운동**
120	시민권 운동가, **루비 브리지스**
122	앞으로 우리는 어떻게 살게 될까, **미래의 어린이들**
124	용어 풀이 126 찾아보기

그린이 **스티브 눈**

영국 켄트에서 태어나 1985년부터 그림 작가로 활동하고 있습니다. 세밀하고 사실적인 그리는 그림을 고집하며, 역사에 남다른 열정이 있습니다. 그린 책으로는 《어린이 그림세계사》, 《성경생활사박물관》 등이 있습니다.

옮긴이 **강창훈**

고려대학교 동양사학과를 졸업하고 같은 학교 대학원에서 중국사 전공으로 석사 학위를 받았습니다. 오랫동안 역사책 편집자로 일했고, 지금은 어린이와 청소년을 위한 역사책을 쓰고 번역하고 있습니다. 쓴 책으로 《중국사 편지》, 《일본사 편지》, 《세 나라는 늘 싸우기만 했을까?》 등이 있으며, 옮긴 책으로는 《바다로 뛰어든 세계사》, 《옥스퍼드 중국사 수업》 등이 있습니다.

문명이
시작되다

1장

기원전 약 800년까지 많은 사람들은 야생 동물을 사냥하고 식물을 채집해, 먹을 것을 구했어. 그러다 한곳에 머물러 살기 시작하며 마을과 도시를 세웠지. 사람들은 농사를 짓기 시작했고, 금속으로 물건 만드는 법을 배웠어. 아이들은 잔심부름을 하고, 먹을 것을 찾거나 가축이나 곡식을 키우는 일을 도왔어.

타야
마지막 빙하기에 사는 어린이

타야는 열 살 소녀야. 지금부터 약 1만 5000년 전 우크라이나 넓은 들판에서 살고 있어. 그곳은 특히 겨울에 날씨가 춥고 바람이 많이 불어. 그래서 타야와 가족들은 사슴이나 매머드 가죽으로 두꺼운 옷을 만들어 입고, 튼튼한 집을 지었지. 타야는 요리하고, 도구를 만들고, 동물 가죽을 마련하느라 바쁜 어머니를 돕고 있어.

매머드 뼈 오두막

오두막을 지을 때 사용할 튼튼한 뼈대를 만들기 위해 매머드 뼈들을 함께 묶어. 타야와 가족들은 동물 가죽으로 뼈대를 덮어 온기를 유지하고 바람이 들어오는 걸 막지.

털복숭이 이웃들

매머드는 덩치가 아프리카 코끼리만 해. 사냥하기 어렵고 위험하지만, 그럴 만한 가치는 충분해. 타야네는 매머드 가죽을 벗기고 뼈와 상아를 모아 집과 도구를 만드는 데 사용하지.

▼ 마을 생활

빙하기 사람들은 모든 것을 스스로 만들어 사용해. 아이들도 어떤 식으로든 자기 역할을 하지. 사냥하고 요리하고 장작을 모으는 일까지 척척 해내.

나무틀에 걸고 동물 가죽을 벗겨 내는 여자

사냥을 마치고 돌아오는 흥겨운 사람들

꼬챙이에 끼워서 고기 굽기

매머드 무리

뿌리 캐기

뼈를 갖고 노는 개들

불 피우기

11만 년 전	기원전 24000년	기원전 20000년	기원전 15300년	기원전 13000년
새로운 빙하기가 찾아와 기온이 떨어지다.	중부 유럽에서 구운 점토로 조각상을 만들다.	빙하기가 최고 절정에 이르다.	프랑스 라스코에서 동굴 벽화를 그리다.	우크라이나 메지리히에서 매머드 뼈로 오두막을 짓고 살다.

동굴 벽화에 사용된 황토 가루

아말라
인더스 강 유역에 사는 어린이

열 살 소녀 아말라는 기원전 2000년 인더스 강둑에 있는 번화한 도시, 모헨조다로에서 살고 있어. 부모님은 집 근처 시장에서 빵집을 운영해. 아버지는 빵을 굽고, 어머니와 아밀라는 빵을 팔아. 도공, 보석공, 대장장이 등 같은 지역에 사는 사람들이 손님이야. 배를 타고 이 도시에 온 상인들도 빵을 사러 오지.

▼ ### 도시의 거리

모헨조다로는 치밀하게 계획된 강변 도시야. 진흙 벽돌로 만든 집들이 죽 늘어서 있어. 아말라의 집은 자체적으로 수도 시설을 갖추었지만 공동 우물도 따로 있어. 심지어 물을 흘려 보내는 배수 시설도 있어서 도시는 늘 깨끗해.

교역

아말라네 가게에서 빵을 사는 상인들은 아라비아에서 금과 구리 같은 상품을 가지고 와. 이 상품들은 정육면체 모양의 돌덩이를 이용해 무게를 재지.

- 흙을 구워 만든 호루라기인데 불면 새 소리가 나.
- 구슬 목걸이
- 그림으로 장식한 도기
- 면 드레스

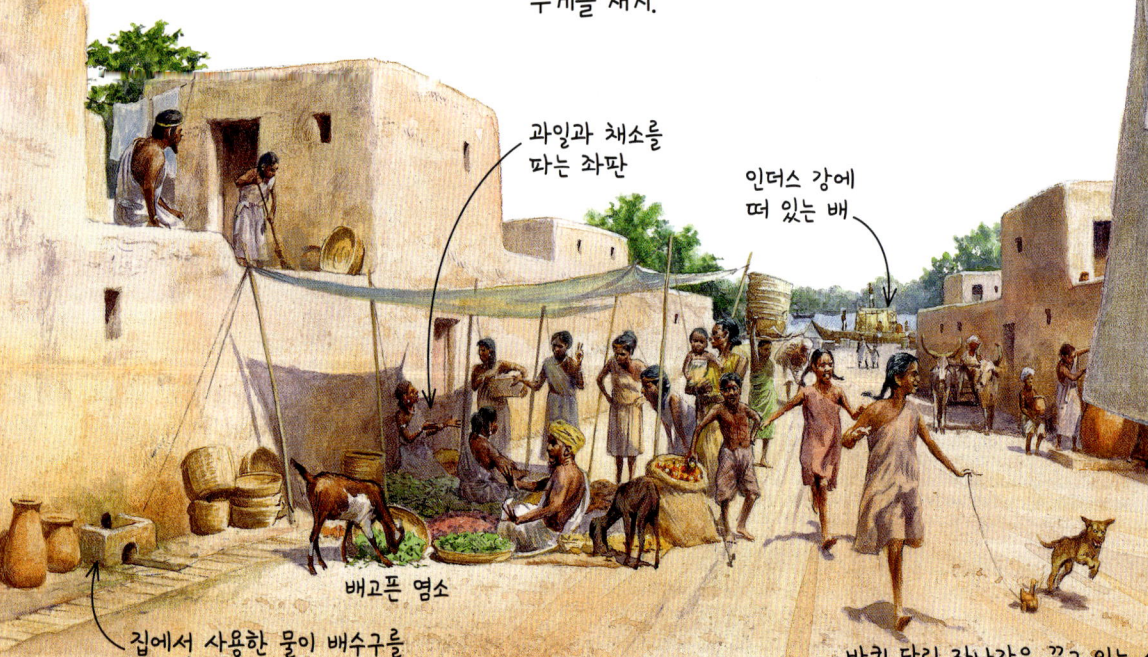

- 과일과 채소를 파는 좌판
- 인더스 강에 떠 있는 배
- 배고픈 염소
- 집에서 사용한 물이 배수구를 통해 흘러나가.
- 바퀴 달린 장난감을 끌고 있는 소녀

기원전 7000년경
인더스 강 유역에서 신석기 문화가 발전하다.

기원전 5500년경
이곳 사람들이 도기를 생산하기 시작하다.

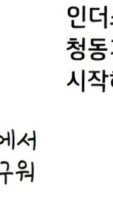

인더스 강 유역에서 발견된 점토를 구워 만든 모형

기원전 3300년경
인더스 강 유역에서 청동기를 제작하기 시작하다.

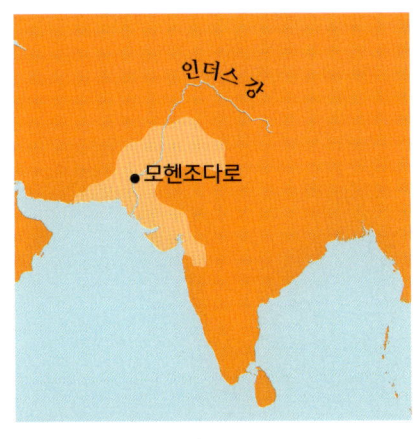

인더스 문명

인더스 강 유역의 도시들

사람들은 인더스 강둑이나 강 가까이에 있는 모헨조다로 같은 도시에서 살고 있어. 이 지역은 오늘날 인도, 파키스탄, 아프가니스탄에 걸쳐 있지.

윤이 나는 돌 구슬 목걸이

금 귀걸이

보석

아말라의 어머니는 마노, 홍옥수같이 윤이 나는 돌로 만든 목걸이가 몇 개 있어. 부유한 여성들이 지닌 금 장신구 중에는 디자인이 세밀한 것도 있어.

상표 새기기

상인들은 상품을 잘 구분하고 알아보기 위해 모양을 새긴 돌 도장을 사용해. 이 돌 도장을 점토 조각에 찍어 자국을 남기는데, 이것이 말라 굳으면 일종의 상표가 되는 거지.

독특한 그림이 새겨져 있다.

돌 도장

점토 조각에 도장을 찍은 모습

항아리에 그림을 그리는 모습 / 물품이 담긴 자루를 옮기는 남자 / 보드게임을 즐기는 사람들 / 성채 / 집 안이 시원하도록 작은 창을 낸 모습이야. / 소를 이용해 수레를 끌고 있는 농부 / 공동 우물 / 상품의 무게를 재는 저울

기원전 2600년경
인더스 강 유역 촌락들이 대도시로 성장하다.

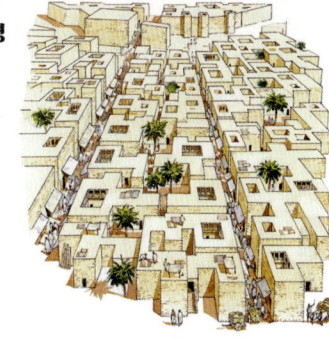

위에서 내려다 본 모헨조다로의 모습

기원전 2200년경
인더스 강 주변에 수많은 상인들이 찾아오다.

기원전 1900년경
인더스 문명이 쇠퇴하기 시작하다.

기원전 1700년경
도시들 대부분이 폐허가 되다. (가뭄 때문인 것으로 추정된다.)

9

역사 속 장난감들
놀이의 역사

최초의 장난감은 모양이 무척 단순해. 나무를 조각해 만든 인형이나 동물상, 수를 세는 용도로 만든 뼛조각 정도가 전부였지. 공이나 주사위 같은 장난감은 전이나 지금이나 거의 비슷해. 그러나 20세기에 엔진이 달리거나 컴퓨터가 내장된 게임기가 등장해서 전 세계 어린이들의 마음을 확 사로잡았어.

'테세래'라고 부르는 로마의 주사위 놀이

고대 이집트
이 장난감 공들은 리넨과 갈대조각으로 만든 거야. 아이들이 좋아하는 밝은 색으로 칠했어. 공 안에 작은 돌들이 들어 있어서 공을 굴릴 때마다 달가닥 소리가 나지.

고대 로마
로마 어린이들은 인형에서 구슬까지 다양한 장난감을 가지고 놀았어. 주사위와 숫자 세는 놀이는 아이와 어른이 함께 즐겼지.

바이킹
이 투박하게 생긴 목마는 10세기에 유럽 북부에 있는 노르웨이에서 한 바이킹 어린이가 갖고 놀던 거야. 아버지나 다른 남자 친척이 만들어 준 것 같아.

고대의 동물상 중에는 나무 바퀴가 달린 것도 있어.

테디 베어의 경쟁 상품으로 빌리 포섬이라는 곰 인형이 있었는데 결국 따라잡지는 못했어.

20세기 중반

20세기 중반 지구에서는 온통 우주 이야기뿐이였어. 미국과 러시아가 로켓을 발사한 데 이어, 1969년 인류가 최초로 달에 착륙했지. 우주여행은 어린이들의 상상력을 자극했고, 장난감 우주선과 우주인의 헬멧이 선풍적인 인기를 끌었지.

20세기 초

이 곰 인형의 이름은 '테디 베어'야. 1902년경 미국 대통령 시어도어 루스벨트의 애칭에서 '테디'라는 이름을 따왔어. 테디 베어는 미국뿐 아니라 유럽에서 어린이들에게 큰 인기를 끌었지.

19세기

어린이들은 수천 년 동안 인형을 갖고 놀았어. 특히 19세기에 여자아이들 사이에 큰 인기를 끌었어. 당시 인형들은 머리와 몸이 도자기로 되어 있었고, 유행하는 예쁜 옷을 입고 있었지.

디지털로 진화하다

비디오게임이 등장한 건 1970년대야. 1989년에는 손에 쥐고 하는 '닌텐도 게임보이'가 출시되었지. 더 큰 화면과 흥미진진한 게임을 갖춘 상품들이 곧이어 등장했고, 데스크톱 컴퓨터에 접속할 수 없는 수백만 명의 어린이들을 게임의 세계로 이끌었지.

II

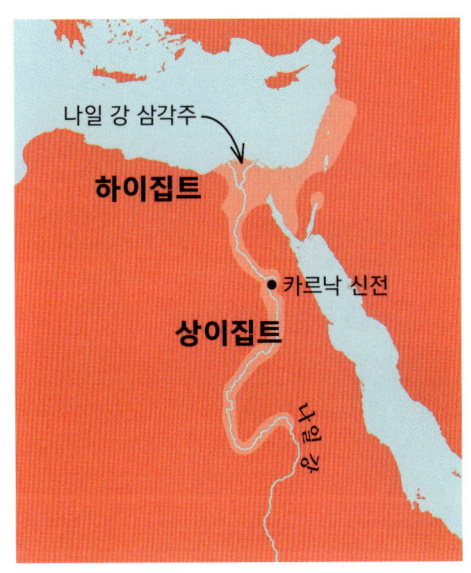

고대 이집트

이집트인들은 나일 강둑을 따라 살고 있어. 해마다 일어나는 홍수가 강둑에 풍부한 진흙을 남겨 땅을 기름지게 해. 건조한 계절에는 경작할 때 강물을 이용하지.

곡물 분리하기

마이나흐트는 보리를 벤 뒤에 쓸모가 없는 겉껍질에서 곡물을 분리해 내는 작업을 해. 농기구인 키를 흔들어 가벼운 겉껍질을 날려 버리면 곡물만 바닥에 남게 되는 거야.

나무로 만든 키

이집트 상형 문자가 새겨진 기둥

▼ 일상생활

마이나흐트는 강에서 꽤 가까운 곳에 살아. 곡식은 나일 강이 범람한 뒤, 물이 빠진 기름진 땅에서 기르기 때문에 밭이 늘 북적거리지. 뒤편으로는 나일 강 삼각주와 상이집트를 오가며 곡식, 목재, 석재 그리고 사람들을 실어 나르는 배들이 보여.

카르낙 신전

카르낙 신전은 수리와 확장을 거듭하고 있어. 배들이 나일 강을 따라 돌을 나르면, 노동자들이 탑문이라 불리는 수많은 기둥과 신전 문을 만들지.

확장 공사를 하고 있는 카르낙 신전

곡물을 실은 배

짐을 실어 나르는 배

어선

농작물을 베는 남자들

물을 나누어 주는 소녀들

수확물 자루를 나르고 있어.

보리를 나르는 당나귀

고삐를 잡은 아이

서기관과 귀족이 수확물에 대해 이야기 나누고 있어.

기원전 1386~1349년	**기원전 1351~1334년경**	**기원전 1279~1213년경**	**기원전 1155년경**	**기원전 1075년경**
파라오 아멘호테프 3세의 통치기로 이집트가 가장 강력했을 때이다.	파라오 아크나톤이 아텐을 제외한 모든 이집트 신을 저버리다.	람세스 2세의 통치기에 이집트가 강성해지다.	람세스 3세가 부인의 살인 음모로부터 살아남다.	신왕국이 몰락하다. 이집트가 다른 민족의 지배를 받다.

이집트의 신 아누비스

★진짜삶 투탕카멘
고대 이집트의 젊은 왕

기원전 14세기 투탕카멘이 이집트의 왕이 되었어. 겨우 아홉 살에 즉위해서 스무 살 즈음에 죽었지. 1922년 그의 무덤이 발견되었어. 무덤 안에는 완벽하게 보존된 미라와 왕이 쓰던 가구, 게임들을 포함한 보물들도 함께 있었지. 이집트인들은 죽은 뒤 다음 세상이 있다고 믿었기 때문에, 죽은 왕이 사용할 것이라고 생각했어.

> "양파 껍질 벗기듯 무덤을 연다면 우리는 왕과 함께 있게 될 것이다."
> — 하워드 카터

왕가의 게임
금으로 장식된 이 값비싼 보드게임은 '세네트'라고 해. 무덤에 모두 네 개의 보드가 완벽히 설치되어 있었던 걸 보면 왕은 분명 이 게임을 아주 잘했을 거야.

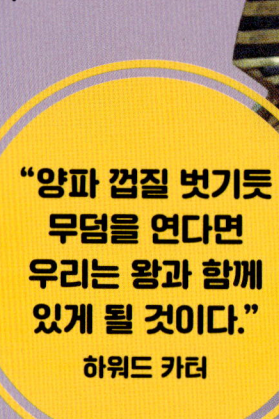

눈부신 발견
투탕카멘 무덤을 발견한 하워드 카터와 고고학자들은 무덤 안에 있는 사치품들을 보고 깜짝 놀랐어. 유리와 황금으로 된 마스크가 왕의 머리 위에 놓여 있었지.

두 개의 왕조
투탕카멘은 고대 이집트를 통치했어. 당시 이집트는 나일 강을 따라 상이집트와 하이집트, 이렇게 둘로 나뉘어 있었지. 그는 와세트(오늘날 테베)라는 도시에서 살았어.

하이집트 · 상이집트 · 와세트 · 나일 강

이집트 신들
투탕카멘의 아버지는 옛 이집트 신들을 대부분 믿지 못하게 하고, 오로지 한 신만 섬기도록 했어. 그러나 젊은 왕 투탕카멘은 다른 신들을 모시는 신전을 다시 열었고, 특히 신들의 왕 아문을 위해 새로운 예술을 수없이 창조했지.

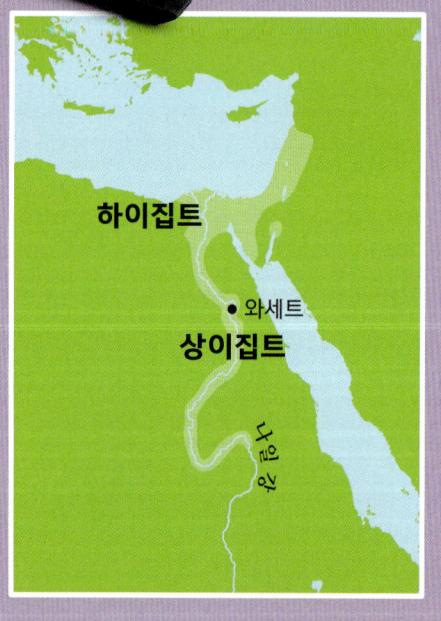
아문

기원전 1549~1069년경
신왕국으로 알려진 고대 이집트 시대

기원전 1351년경
투탕카멘의 아버지 아크나톤이 이집트 통치자가 되다.

아크나톤

기원전 1340년경
투탕카멘이 태어나다. 태어날 때의 이름은 투탕카텐이다.

기원전 1334년경
아크나톤이 죽다.

기원전 1332년경
투탕카텐이 이집트 왕이 되다.

믿을 만한 신하들?

투탕카멘(왼쪽)은 신하들의 보좌를 받아 이집트를 통치했어. 투탕카멘이 죽자 장군 아이(오른쪽)를 비롯하여 많은 사람들이 왕의 자리를 놓고 권력 투쟁을 벌였지.

기원전 1329년경
아문 신을 기리는 뜻으로 이름을 투탕카멘으로 바꾸다.

아문

기원전 1329년경
투탕카멘이 카르낙의 아문 신전 공사를 명하다.

기원전 1323년경
투탕카멘이 죽어 왕가의 계곡에 묻히다.

기원전 1100~1069년경
도굴꾼들이 수많은 무덤을 파헤쳤지만, 투탕카멘의 무덤은 온전히 유지되다.

기원후 1922년
왕의 무덤이 발견되어 부장품들이 발굴되다.

15

고대 도시가 발달하다

2장

기원전 800년~기원후 500년경에 고대 그리스, 고대 로마, 그리고 중앙아메리카 마야 등 세계 곳곳에서 위대한 문명이 탄생했어. 사람들은 거대한 도시에 하늘 높이 뻗은 신전을 세웠지. 체계가 복잡한 문자가 발달했지만, 부유한 아이들만이 학교에서 문자를 배울 수 있었어.

아밀라누
고대 도시 바빌론에서 자란 소년

기원전 550년, 열 살 소년 아밀라누는 메소포타미아의 도시 바빌론 (오늘날 이라크)에서 살고 있어. 유프라테스 강에서 멀지 않은 진흙 벽돌집에서 부모님과 함께 말이야. 아버지는 네부카드네자르 2세 밑에서 서기관으로 일하고 있어. 서기관이 하는 일은 중요해서 부모님은 아밀라누를 학교에 보내 수학, 음악, 읽기와 쓰기를 배우게 했지. 그는 아버지처럼 서기관이 되려고 학교를 열심히 다니고 있어.

바빌론 사람들은 작은 점토판에 글을 써. 점토판이 햇볕에 마르면 글자가 굳게 되지.

고대의 수학

바빌론은 수학이 매우 발달했어. 아밀라누는 분수를 대입해 문제를 풀고, 기하학의 원리를 이용해 면적과 부피 계산하는 법을 배우고 있어.

수학 공식이 적힌 고대 바빌로니아 점토판

▶ 설형 문자

아밀라누는 갈대로 만든 스타일러스라는 도구로 글을 써. 그것을 축축한 점토판에 눌러 쓰면 쐐기 모양의 문자가 만들어져. 현대 고고학자들은 이러한 문자를 '설형 문자'라고 불러. 라틴어로 '쐐기 모양의 문자'란 뜻이지.

두 강 사이

바빌론은 '메소포타미아'라는 지역에 있는 수많은 도시들 가운데 하나야. 메소포타미아는 두 강 사이에 있는 땅이라는 뜻이지. 이곳 토양은 농작물을 기르기에 알맞고, 티그리스 강과 유프라테스 강이 있어서 교통이 편리하고 무역을 하기에도 좋아.

신바빌로니아 제국

기원전 1894년
작은 마을이었던 바빌론이 독립 왕국이 되다.

기원전 1792~1750년
함무라비 왕이 최초로 바빌로니아 제국을 건설하다.

기원전 1595년
아시아의 미노아(오늘날 터키)에서 온 히타이트가 바빌론을 공격하다.

바빌론의 신들

바빌론 사람들은 여러 신을 숭배해. 가장 잘 알려져 있는 신은 이슈타르야. 이슈타르는 신들의 여왕이자 풍요, 사랑, 권력, 전쟁의 여신이야. 바빌론에는 마르두크 신을 위해 지은 거대한 신전도 있어. 기원전 18세기에 만들어졌지.

이슈타르의 점토상이야. 지팡이를 든 채 사자를 밟고 있어.

도시 바빌론

아밀라누는 벽돌로 건설한 도시에 살고 있어. 성 주위를 둘러 판 연못과 두 겹의 성벽에 둘러싸여 있지. 큰 문이 8개 있는데, 반짝이는 푸른 벽돌로 뒤덮인 그 유명한 이슈타르 문도 그중 하나야. 성문으로 들어가면 신전들과 거대한 왕궁이 있고 작은 집들이 늘어선 거리가 많이 있어.

지구라트라고 부르는 마르두크 신전의 탑이야.

이슈타르 문에는 여신을 상징하는 사자들이 그려져 있어.

정말일까?

고대의 작가들은 왕 네부카드네자르 2세가 바빌론에 지었다고 알려진 아름다운 '공중정원'을 묘사했어. 그러나 다른 여러 도시들을 연구해 온 현대 작가들은 메소포타미아의 도시 니네베에 있는 정원이라고 생각하고 있지. 공중정원이 실존했다는 증거는 없어.

예전에는 정원이 마치 초록색 산처럼 여러 층으로 되어 있었을 거라고 생각했어.

기원전 911~627년	기원전 626~539년	기원전 605~562년	기원전 539년
티그리스 강 유역의 아수르에서 온 아시리아인들이 바빌론을 지배하다.	신바빌로니아 시대. 지역 통치자들이 도시를 지배하다.	네부카드네자르 2세가 통치하다.	페르시아의 침략으로 바빌로니아가 멸망하다.

아시리아 병사들

레오니다스
훈련을 받고 있는 스파르타 전사

기원전 6세기, 열 살 레오니다스는 그리스 동남쪽 스파르타에 살고 있어. 다른 스파르타 소년들처럼, 일곱 살 때 집을 떠나 훈련소에서 군인이 되는 법을 배우고 있지. 육상, 운동 경기, 무기 사용법을 배워. 그는 앞으로 유럽에서 가장 강력한 전투 부대의 일원이 될 거야.

여성과 소녀

다른 그리스 여성들과 달리, 스파르타 여성들은 교육을 받아. 여행도 자유롭게 할 수 있지. 강한 아이를 낳으려면 활동적이고 건강한 상태를 항상 유지해야 하기 때문이야.

활동하기 편하게 짧은 치마를 입고 있어.

고대 그리스

델포이, 올림피아, 아테네, 스파르타, 크노소스

스파르타는 그리스 남부 대부분을 지배하고 있어. 기원전 479년 페르시아 제국이 그리스를 침입했을 때, 스파르타는 아테네를 비롯한 다른 도시 국가들과 힘을 합쳐 승리를 거두었어.

▼ 훈련소

레오니다스를 비롯한 소년들은 훈련소에서 열심히 훈련해. 전쟁이 일어났을 때에 대비해서 평소에 어려운 생활을 몸에 익히지. 밖에서 잠을 자고, 갈대로 침대를 만들고, 사냥하고, 심지어 음식을 훔치기도 해.

- 선생님이 수업을 하고 있어.
- 창던지기 연습
- 젊은이를 채찍으로 훈육하고 있어.
- 병영 막사
- 소년들이 점토판을 가지고 글쓰기를 배우고 있어.
- 구기 종목
- 대형에 맞춰 행진하기
- 나무 봉으로 창 다루는 연습을 하고 있어.

기원전 900년경 — 스파르타가 등장하다.

기원전 7세기 — 스파르타가 이웃한 메세니아인들에 승리를 거두고 그들을 노예로 삼다.

전갈이 그려진 스파르타 방패

기원전 499~449년 — 그리스와 페르시아가 전쟁을 벌이다.

기원전 464년 — 스파르타가 지진으로 큰 피해를 입고, 노예들이 반란을 일으키다.

영웅 숭배

스파르타인은 전통적인 그리스 신뿐 아니라 신화에 등장하는 남녀 영웅들을 숭배해. 스파르타의 영웅이자 왕인 메넬라오스는 자신을 기리는 메넬라이온이라는 사원이 있어.

운동 경기

스파르타인은 운동을 좋아해. 달리기, 원반던지기, 줄다리기, 레슬링을 특히 즐기지. 레오니다스와 같은 소년들은 많은 운동 경기를 하는데, 경쟁력을 키우고 건강을 유지하는 데 도움이 되기 때문이야.

고대 그리스의 원반

철검

스파르타 소년들에게는 헐렁한 옷 한 벌만 지급이 돼.

신화에 나오는 날개 달린 말 페가수스의 이미지가 새겨진 방패

멀리 떨어져 있는 신전

훔치거나 발견한 음식을 함께 나누는 소년들

완벽히 무장한 병사

땔감 모으기

병영에 있는 소년들은 겨울에도 맨발로 다녀.

기원전 404년
펠로폰네소스 전쟁에서 스파르타가 아테네에 승리를 거두다.

기원전 4세기 초
스파르타가 그리스에서 가장 강한 도시 국가가 되다.

기원전 362년
스파르타가 테베와 여러 차례 전쟁을 벌이면서 쇠퇴하기 시작하다.

아우렐리아
고대 로마 어린이

아우렐리아는 기원후 200년 로마 제국의 중심, 로마에서 살고 있는 열 살 소녀야. 아버지는 옷감과 방석을 파는 가게에서 일해. 가족은 가게 가까이 있는 비좁은 집에서 살고 있지. 그들은 가난해서 부유한 로마인들과 달리 노예를 부리지 않아. 아우렐리아는 어머니의 집 청소를 돕고, 물을 나르고, 심부름을 하고, 남동생 둘을 돌보느라 바빠.

로마 제국

로마 제국은 오늘날 이탈리아에 있는 로마와 지중해를 중심으로 넓은 영토를 차지했어. 유럽 대부분을 차지하고 있을 뿐 아니라 북아프리카와 서아시아 일부까지 뻗어 있지.

장난감

아우렐리아는 작은 나무 인형을 좋아해. 상아 인형을 본떠 만든 장난감이지. 다른 로마 어린이들처럼 구슬치기도 좋아해. 남동생은 바퀴 달린 모형 말과 장난감 병사를 가지고 놀아.

인형 / 모형 말

▼ 빵 사러 가기

아우렐리아는 가게와 술집이 많은 번화가에 살고 있어. 빵집으로 가다 보면 거리에서 놀고 있는 아이들을 만나곤 하는데, 집에 마당이 없기 때문이야.

- 거리에서 음식을 파는 행상
- 한 로마인이 이발을 하고 있어.
- 소년들을 가르치는 선생님
- 이를 뽑고 있어.
- 소가 끄는 수레
- 음식점
- 어린 노예
- 채소 가게

기원전 27년
아우구스투스가 로마의 초대 황제가 되다. 제국이 성장하다.

아우구스투스 황제

기원후 64년
로마의 많은 지역이 불에 타서 수년 동안 도시를 재건하다.

106년
트라야누스 황제가 다키아(오늘날 루마니아)를 정복하다.

260~270년
로마 제국이 이집트, 시리아, 팔레스타인 그리고 터키의 넓은 지역을 잃고 위축되다.

패스트푸드

아우렐리아의 집도 많은 로마인들처럼 부엌이 없어. 그래서 음식점에 가서 소시지, 생선튀김, 지금의 햄버거와 비슷한 동그랑땡 같은 '패스트푸드'를 사곤 해.

로마의 음식점

'루눌라'라 부르는 펜던트 (목걸이에 거는 보석)

빵 덩어리

소년들은 '불라'라는 속이 빈 펜던트를 목에 걸고 있어.

성인이 되다

로마 소녀들은 목에 '루눌라'라는 동그라미나 달 모양의 펜던트를 걸고 있어. 결혼을 해야 루눌라를 벗게 될 거야. 처음으로 성인의 옷을 입게 되는 거지.

분주한 빵집의 모습

빨래를 널고 있어.

옷 가게   부유층 부부   거지   놀이를 즐기는 아이들

무늬가 없는 흰색 튜닉 (허리 밑까지 내려오는 블라우스)

가죽 샌들

293년
황제 한 사람이 다스리기에는 영토가 너무 커져서, 로마 제국이 둘로 나뉘다.

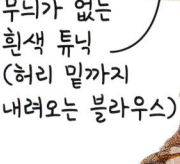

고대 로마 갑옷 모형

410년
로마 제국이 서고트족의 공격을 받으면서 힘을 잃게 되다.

입는 것의 역사
옷은 어떻게 변했나

고대 사회에서 일하는 사람들은 간편한 옷을 입은 반면, 부자들은 좋은 소재로 만든 값비싼 옷을 입었어. 어린이들은 주로 부모와 비슷한 옷을 입었지. 20세기에 부자들이 청바지와 같은 캐주얼한 옷을 입기 시작하면서 많은 것이 변했어. 유명한 디자이너가 만든 비싼 옷을 입는 것이 그 사람의 사회적 지위를 나타내는 새로운 상징이 되었지.

고대 이집트

이집트인들은 뜨거운 아프리카의 태양 아래에서 몸을 식히기 위해 리넨으로 만든 가벼운 옷을 주로 입었어. 남성은 허리띠가 달린 몸에 둘러 입는 스커트를 입은 반면, 여성은 긴 치마를 입었지. 아이들은 여섯 살쯤까지는 벌거벗고 다니는 경우가 많았고, 그 뒤에는 부모와 비슷한 옷을 입었어.

→ 부유층은 주름진 옷을 입기도 했어.

고대 그리스

고대 그리스인들은 네모난 천을 몸에 둘러 핀으로 고정시킨 '키톤'이라는 옷을 입었어. 여성의 키톤은 발목까지 왔지만, 남성과 어린이가 입는 것은 더 짧았지. 그리스인은 여름에는 리넨을 입었고, 겨울에는 양모를 입고 위에 망토를 덧입기도 했어.

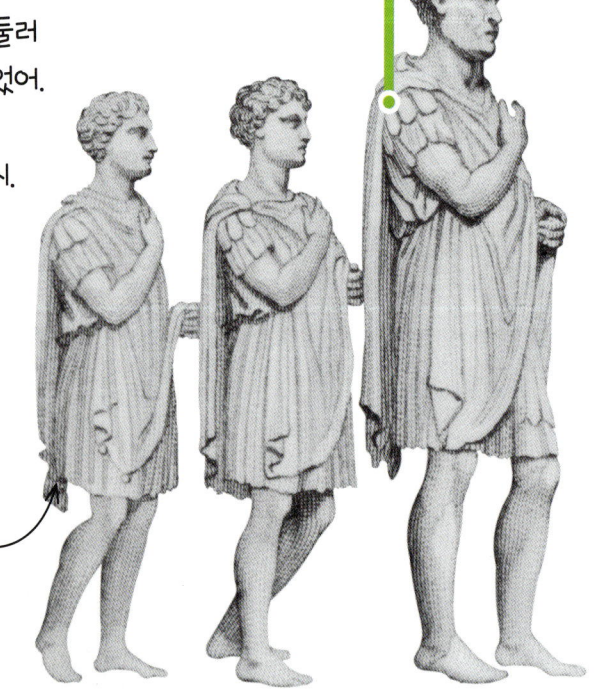

← 키톤

중세 유럽

중세(400~1400년대)에는 옷이 무척 다양했어. 여성과 소녀는 보통 긴 드레스를 입었고, 남성은 '호스'라고 부르는 몸에 딱 달라붙는 스타킹을 신었어. 그 위에 단추 달린 윗옷인 더블릿과 헐렁한 난방용 코트를 입는 경우도 있었어. 부자들은 더 좋은 소재로 만든 옷을 입었는데, 값비싼 모피를 걸치기도 했지.

→ 모피로 장식한 테두리

→ 호스

> 19세기에는 값싼 염료가 나와 더 많은 사람들이 밝은 색 옷을 입을 수 있게 되었어.

1960년대

20세기에 들어 현대식 복장이 발달했어. 업무용으로 입는 옷과 평상복까지 옷의 종류가 다양해졌어. 1960년대는 밝은 색상의 옷감이 이끌었어. 청바지와 티셔츠가 유행했고, 여성과 소녀들의 치마는 더욱 짧아졌어.

19세기

이 시기에는 여성과 소녀들 사이에서 정교하게 만든 긴 드레스가 인기를 끌었어. 대개 허리 부분이 좁고, 아래로 갈수록 넓게 퍼지도록 둥근 틀로 모양을 잡은 긴 치마였어. 남성과 소년들은 바지를 입기 시작했어.

1960년대에는 무늬가 있고 색상이 다양한 티셔츠가 유행했어.

현재

지난 수십 년 동안 옷의 세계화로 패션이 빠른 속도로 변화했어. 무엇을 입어야 한다는 규칙 같은 게 거의 사라졌고, 사람들은 자신이 좋아하는 스타일로 옷을 입어.

르네상스

르네상스 시기(1400~1500년대)에는 여성과 소녀들 사이에 소매를 뗐다 붙였다 할 수 있는 긴 드레스가 유행했어. 남성과 소년들은 계속해서 더블릿과 호스를 입었지. 부자들은 벨벳과 같은 고급 천으로 만든 옷을 입었어.

> 매년 전 세계적으로 800억 벌 이상의 옷이 만들어지고 있어.

엘락
아틸라 시대의 어린 훈족

엘락은 450년경 동유럽에서 대가족과 함께 살고 있는 열두 살 훈족 소년이야. 훈족은 수십 년 전 이곳으로 이주해서 강력한 지도자 아틸라의 지휘 아래 통합되었지. 훈족은 끊임없이 옮겨 다니며 새로운 초원에서 가축을 놓아기르고 약탈을 일삼아. 엘락과 같은 훈족 소년은 강인하고 말을 탈 줄 알아야 해. 그는 이미 활과 화살을 지닌 명사수야.

훈족의 아틸라
아틸라는 훈족 역사에서 가장 성공한 지도자로 5세기 중반에 부족을 이끌었지. 아틸라는 군사들을 이끌고 이웃 도시부터, 멀게는 독일과 골(프랑스)까지 공격했어. 그의 목표는 전쟁에서 많은 물품을 빼앗는 것이지 땅을 차지하는 것이 아니야.

고대 작가들은 아틸라가 간편한 복장을 했다고 말하지만, 이 작품에서는 예복을 입고 있어.

긴 턱수염으로 유명하지.

청동 솥
엘락의 가족은 삶은 고기로 식사를 해. 청동으로 만든 솥에 고기를 익혀 먹는데, 받침이 높고 둥근 솥을 사용해. 훈족은 청동을 다루는 기술이 뛰어난 솜씨 좋은 대장장이들이야.

손잡이가 버섯 모양인 솥도 있어.

받침이 높아서 솥을 불 가운데에 세워 둘 수 있어.

영토와 여정
훈족은 흑해 북동쪽 초원 지대에서 왔어. 아틸라가 통치할 때 동유럽에 자리를 잡았고, 그리스, 프랑스, 독일을 공격하기 위해 군대를 보냈지. 훈족의 제국은 늘 변화무쌍해서 국경선이 따로 없었어.

훈 제국

흑해

기원전 376년
훈족이 동쪽에서 쳐들어와 우크라이나 초원을 공격하다.

395년
동로마 제국을 처음으로 공격하다.

437년
아틸라와 블레다 형제가 훈족의 공동 통치자가 되다.

훈족을 이끌고 전투 중인 아틸라의 모습

동물이 새겨진 작품

훈족은 돌아다니면서 다양한 동물들을 보게 돼. 그래서 동물의 모습을 예술 작품으로 남겼는데, 그중 말과 사슴이 자주 등장해. 대장장이들은 청동으로 조각을 만드는데, 때로는 금을 입히기도 해.

귀금속

훈족은 금으로 만든 장신구를 좋아해. 몸에 착용하거나 말의 마구를 장식하는 데 사용하지. 로마에서 약탈한 금이나, 훈족이 노리던 게르만족의 보석으로 만들기도 해.

금으로 된 머리띠에 알록달록한 유리와 보석이 장식되어 있어.

▶ 소년과 말

엘락은 어렸을 때 말을 타고 돌보는 법을 배웠어. 말젖을 얻고, 전투할 때 타고 나갈 수 있어서 말은 훈족에게 꼭 필요하지. 엘락은 자기가 직접 만든 활이 무척 자랑스러워.

- 활 윗부분이 아래보다 길어서 말을 탄 채로 사용하기 편리해.
- 훈족 소년들이 가족을 잃은 슬픔을 드러내기 위해 얼굴에 상처를 낸다는 이야기도 있어.
- 털이 달려 따뜻한 가죽 모자
- 뼈끝을 뾰족하게 간 화살
- 화살통
- 훈족은 등자(발걸이) 없이 말을 탔어.
- 종아리까지 올라오는 가죽 부츠

445~453년 블레다가 죽고(아틸라가 죽였을지도 모른다.) 아틸라가 유일한 통치자가 되다.

449년 로마인들이 훈족에게 정기적으로 조공을 하거나 금을 바치는 데 동의하다.

454년 동게르만족인 게피드족이 훈족에게 승리하며, 훈족의 지배에서 벗어나다.

강력한 제국이 통치하다

3장

5세기부터 15세기까지는 강력한 제국들이 지구상의 많은 지역을 통치했어. 어린이들은 대부분 부모가 하는 일을 돕거나 집안일을 했지. 사람들에게 종교는 매우 중요했기 때문에 거대한 성당과 모스크(이슬람교 예배당)가 세워졌어.

익스첼
농업 공동체에서 살고 있는 마야 소녀

열 살 소녀 익스첼은 7세기 초에 마야가 통치하는 멕시코 동남부에 살고 있어. 다른 소녀들이 그렇듯 익스첼도 학교에 다니지 않아. 아버지는 농부, 익스첼과 어머니는 솜씨 좋은 방직공이야. 베틀 앞에서 아름답고 밝은 색깔 옷을 만들며 시간을 보내지.

- 땋은 머리
- 옷감에 짜 넣은 무늬
- 옷감을 짤 때 쓰는 알록달록한 실
- '후이필'이라 부르는 옷으로 면과 삼베로 만들어.
- '셔틀'이라 부르는 도구로 옷감을 짤 때 사용해.

마야의 세계

마야는 오늘날 멕시코 동남부에서 과테말라와 벨리즈를 지나 엘살바도르와 온두라스 일부 지역에까지 걸쳐 있어. 산악지대가 많은데, 해안으로 가까이 갈수록 땅이 평평해지지.

7세기 마야 문명

- 산비탈을 계단식으로 깎은 들판
- 장식이 달린 신전
- 초가 지붕과 흙벽으로 된 집
- 옥수수 심기
- 옥수수 저장하기
- 음식 준비

기원전 300년경
마야 문명이 번영하기 시작하다. 수많은 마야 도시들이 건설되다.

426년
'키니치 약스 쿠크 모'가 온두라스 코판 도시의 통치자가 되다.

500년
티칼은 마야에서 가장 큰 도시로, 약 5만 명의 사람이 살고 있다.

옥수수의 신

옥수수는 마야인들에게 중요한 농작물이야. 익스첼은 옥수수의 신 '운 우나푸'를 숭배하며, 최초의 인간은 옥수수로 만들어졌다고 믿고 있어.

마야 달력

두 개의 원이 톱니바퀴처럼 맞물리면서 날짜를 표시하는데, 1년이 260일이야. 이것이 다른 더 큰 원과 맞물려 52년을 주기로 하는 달력이 되지.

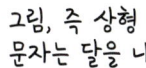

그림, 즉 상형 문자는 달을 나타내.

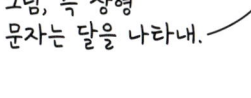

날을 나타내는 상형 문자

옥수수 모양 장식

상형 문자

마야인은 상형 문자라 불리는 그림 기호로 글을 써. 이 돌에 새겨진 상형 문자는 마야의 왕 '쉴드 재규어 2세(681~742)'와 그의 부인 '레이디 쏙'을 가리키지.

▼ 신전

신전은 대개 마을에서 가장 높은 건물이야. 익스첼의 가족은 신이 일상의 거의 모든 것을 지배한다고 믿고 있지.

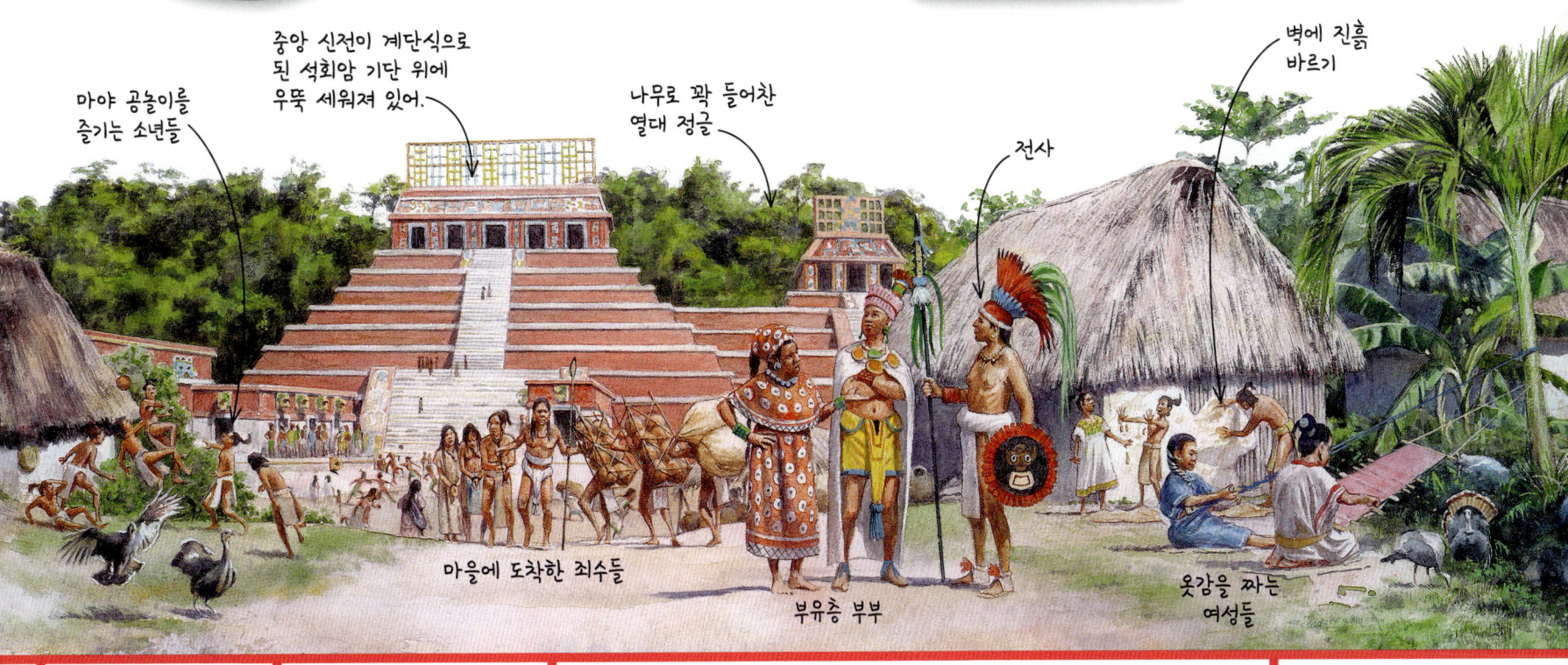

마야 공놀이를 즐기는 소년들 · 중앙 신전이 계단식으로 된 석회암 기단 위에 우뚝 세워져 있어. · 나무로 꽉 들어찬 열대 정글 · 전사 · 벽에 진흙 바르기 · 마을에 도착한 죄수들 · 부유층 부부 · 옷감을 짜는 여성들

615년
파칼 대왕이 마야에서 가장 큰 팔렌케 도시 국가의 통치자가 되다.

9세기
가뭄으로 마야의 수많은 도시가 폐허가 되다.

1000년
멕시코 유카탄 반도의 치첸이트사가 마야 문명의 중심지가 되다.

치첸이트사 유적

1524년
스페인이 마야 지역을 점령하다.

스노프리다
바이킹 마을의 소녀

스노프리다는 10세기에 노르웨이에서 살고 있는 소녀야. 아버지는 지역 영주를 섬기는 농부야. 영주는 주민들 사이에 발생하는 문제를 해결하고, 스노프리다와 가족을 외부의 침입으로부터 보호해 주지. 지난 여름 스노프리다의 오빠는 영주와 함께 바다 건너 잉글랜드로 가서 싸웠어. 조금 다치기는 했지만, 많은 돈을 벌어서 돌아왔어. 스노프리다는 어머니와 함께 요리를 하거나 가락과 실패를 이용해 양모에서 실을 뽑으며 지내고 있어.

- 양털이 감겨 있는 실패
- 땋은 머리
- 가족 목걸이
- 실을 감는 막대기를 가락이라고 해.
- 마을 잔치에 대해 이야기 나누는 여인들

물가에 있는 집

스노프리다 가족은 흘라디르에 살고 있어. 바다가 육지 속으로 파고들어 온 골짜기에 있는 마을인데, 바다가 산과 만나는 곳이야. 겨울에는 하루에 20시간 동안 날이 어둡고 몇 주 동안 영하의 추운 날씨가 지속돼. 하지만 여름에는 날씨가 따뜻해서 살기 좋아.

- 소를 끌고 가는 농부
- 배에 물건을 싣고 있는 모습
- 그물 말리기
- 잔디로 덮힌 지붕
- 어린이들에게 이야기를 들려주는 시인

기원전 750년경 — 바이킹족이 스칸디나비아에서 영역을 넓히다.

793년 — 바이킹 전사들이 처음 잉글랜드에 가다.

870년경 — 바이킹이 아이슬란드에 정착하기 시작하다.

바이킹의 검과 방패

식사 시간

스튜는 스노프리다가 좋아하는 음식인데 치즈, 채소, 버터를 귀리가루와 함께 끓여서 만들어. 바다에서 물고기를 잡거나 특별한 날에는 돼지고기나 양고기를 먹어. 스노프리다는 가을에 사과, 자두, 블랙베리 같은 과일을 많이 따.

바이킹 배

스노프리다의 가족은 이웃 마을에 갈 때, 가파른 산과 빽빽한 숲을 지나는 대신 바다를 건너지. 상인들은 큰 배를 타고 더 먼 곳까지 여행하고, 전사들은 빠른 배로 이동해서 사람들을 깜짝 놀라게 해.

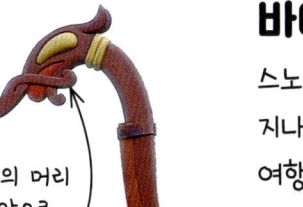

용의 머리 모양으로 장식한 배도 있어.

양배추 / 물 / 버터 / 치즈 / 리크 (양파와 비슷한 식물) / 귀리

▼ 해안 마을의 생활

흘라디르의 토양은 입자가 가늘어서 농사짓기 힘들어. 바이킹은 주로 양을 치거나 물고기를 잡으며 생활하지. 겨울에는 천을 짜거나 털을 얻기 위해 덫으로 동물을 잡아. 천과 모피는 봄에 배를 타고 찾아오는 상인들에게 팔려 나가지.

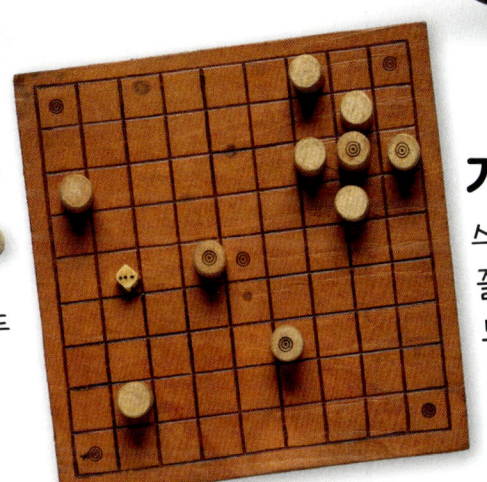

네파타플 보드

방패는 배에 타고 있는 전사들을 보호해 주지.

가족끼리 즐기는 게임

스노프리다의 아버지와 오빠는 '네파타플'을 즐겨. 사각형 판에 전사를 나타내는 말을 놓는 보드게임이야. 스노프리다는 '여우와 거위'라는 주사위 게임을 좋아해.

- 바다에서 잡은 물고기 널어 말리기
- 검술 연습하는 소년들
- 마을 중심에 위치한 영주의 집
- 다가오는 배를 보며 이야기하는 영주
- 양치기
- 바다로 노를 저어 나가는 좁고 기다란 바이킹의 배
- 공동 주택
- 물을 나르는 소녀들
- 전사

911년 롤로가 프랑스 노르망디를 점령하다.

980년경 그린란드에 최초의 바이킹 마을이 건설되다.

1000년경 레이프 에릭손이 북아메리카에 발을 디딘 최초의 유럽인이 되다.

레이프 에릭손

1013년 스벤 포크발드가 12년간 전쟁을 치른 뒤 잉글랜드의 왕이 되다.

1066년 잉글랜드에서 헤럴드 하르드라다가 죽으면서 바이킹 시대가 끝나다.

베른하르트
중세 유럽 기사의 조수

베른하르트는 1055년 밤베르크 근처에서 태어난 열두 살 소년이야. 다른 부유한 가정의 소년들처럼, 일곱 살 때 다른 성에 견습생으로 보내져 기사를 모시며 단순한 일을 했어. 그리고 5년 뒤 기사의 조수가 되어 전투 훈련을 하고 기사의 말을 돌보고, 무기를 관리했지. 베른하르트는 검술과 활쏘기 연습을 하면서 언젠가 진짜 기사가 되기를 꿈꾸고 있어.

중세의 독일
독일은 하나의 국가가 아니라 여러 작은 나라와 도시들로 이루어져 있었어. 각 나라와 도시는 영주들이 다스리고 신성 로마 제국 황제가 전체를 대표하지. 독일 남부에 위치한 바이에른의 밤베르크도 그런 나라 중 하나야.

무기
기사의 주요 무기는 검이야. 칼날이 양쪽에 있지. 칼날과 칼자루 사이에는 적의 검으로부터 손을 보호하기 위한 날밑이 끼워져 있어. 기사는 말을 타고 싸울 때나 땅에서 싸울 때 이 검을 사용해.

― 칼날

- 나무로 만든 이 망루는 전쟁이 벌어지면 대피소로 쓰여.
- 주변을 살피는 병사
- 사냥을 하러 성을 나서고 있어.
- 매
- 화살 만드는 작업장
- 대장장이의 작업장
- 언덕에 망루가 세워져 있어.
- 검술 훈련

9세기 남자들이 무장을 하고 말을 탄 채 종종 전쟁에 참가하다.

11세기 영주나 왕에게 충성을 맹세한 기사가 유럽에서 많아지다.

1050~1500년경 기사들이 가장 활발히 활동했던 시기

중무장한 기사와 말

1300년경 기사가 철 갑옷을 입기 시작하다.

1350년경 유럽에서 전쟁에 원시적인 모습의 대포가 사용되다.

십자군 전쟁
성지를 차지하기 위한 중세의 전쟁

십자군 전쟁은 '성지'를 찾기 위해 벌인 종교 전쟁이야. 예루살렘은 기독교, 이슬람교, 유대교 이 모두의 성지였어. 유럽에서 온 기독교 군대를 십자군이라 불렀는데, 십자군은 이슬람교도들이 차지한 성지를 빼앗으려 했어. 하지만 거의 실패했지. 십자군에는 어린이도 포함되어 있었어.

성지로 가는 여정

십자군 기사들은 잉글랜드, 프랑스, 독일 등 유럽 여러 나라에서 왔어. 유럽을 지나 지중해를 건너 성지로 향했지. 콘스탄티노플(오늘날 터키 이스탄불)은 비잔틴 제국의 기독교도 황제가 다스리고 있었어. 그는 십자군을 지원했지만, 처음부터 끝까지 모든 전쟁을 도운 것은 아니야.

1차 십자군 전쟁 (1096~1099)

로마 가톨릭 교회의 지도자인 교황 우르반 2세가 1차 십자군 전쟁을 선포했어. 십자군은 예루살렘을 점령하고 에데사, 안티오크에 십자군 국가를 세웠지.

1차 십자군 병사들

십자군 기사

2차 십자군 전쟁 (1147~1149)

이슬람 세력이 십자군 국가 에데사를 점령하자, 유럽이 2차 십자군 전쟁을 일으켰어. 많은 사람들이 군에 입대했지만, 십자군은 조직이 느슨했고 자금도 충분치 않았어. 그래서 결국 후퇴하고 말아.

638년
기독교 국가인 비잔틴 제국이 예루살렘을 무슬림 군대에 내주다.

1095년
교황 우르반 2세가 프랑스 클레르몽에서 1차 십자군 전쟁을 일으키다.

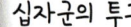

십자군의 투구

1098년
에데사와 안티오크(오늘날 터키와 시리아)가 최초의 십자군 국가가 되다.

1144년
에데사가 무슬림 군대에 함락되면서 2차 십자군 전쟁이 시작되다.

어린이 십자군

1212년 유럽에 사는 수천 명의 어린이가 예루살렘으로 향했어. 프랑스에서는 열두 살 양치기 소년 스테판이 어린이 십자군을 이끌었지. 그러나 예루살렘에 가지 못한 채 대부분 굶어 죽었고, 붙잡혀 노예로 팔려 나가기도 했어.

← 스테판

살라딘

이집트의 술탄 살라딘은 무슬림(이슬람교 신자) 군대의 지도자였어. 그는 시리아와 이집트 근처 나라들의 지지를 받아 성지를 차지한 기독교인들을 공격했고, 1187년 예루살렘을 다시 정복했지.

← 살라딘

콘스탄티노플의 파괴

성지를 되찾겠다는 원래 목적과 달리 1204년 4차 십자군은 같은 기독교 국가인 비잔틴 제국의 아름다운 도시, 콘스탄티노플을 파괴하고 집과 교회를 약탈했어.

1189년 살라딘에 의해 함락된 케락 성

1189~1192년
3차 십자군 원정이 실패하다.

1202~1204년
4차 십자군이 예루살렘에 접근조차 못하다.

1217~1221년
5차 십자군이 이집트의 이슬람 국가 정복에 나섰지만 실패하다.

1291년
마지막 남은 십자군 도시 아크레가 무슬림에게 무너지자, 대부분의 유럽인들은 성지를 떠난다.

다케시
일본의 사무라이 전사 교육생

다케시는 상류층 가정에서 태어난 일본 소년이야. 사무라이가 되기 위해 훈련을 받고 있지. 준비를 시작한 건 열세 살 때인 1109년부터야. 검술, 말타기, 유도 등 다양한 기술을 갈고 닦아야 해. 다케시는 많은 시간을 들여 훈련에 매진하고 있어. 불교 공부도 열심히 하는데, 사무라이에게 꼭 필요한 명예와 충성심을 길러주기 때문이야.

사무라이의 신앙

사무라이는 항상 자기가 모시는 영주에게 충성해야 한다고 생각해. 많은 사무라이들이 불교를 믿고 명상을 하지. 다케시의 가족은 정기적으로 절에 가.

10세기에 세워진 절

11세기에 사용된 기다란 사무라이 칼이야. '다치'라고 해.

소매통이 넓어서 검을 휘두를 때 편해.

칼집을 고정시키는 끈

허리를 끈으로 동여매는 '하카마'라는 바지야. 발목까지 내려와.

짚신 샌들

794년
헤이안 시대가 시작되다. 일본에서 불교가 대중화되다.

일본 도쿄의 불상

806년경
간무 천황이 자신의 군대를 해산시키자, 지방 영주가 이끄는 군대가 더욱 강력해지다.

사무라이의 검

다케시는 완전 무장을 하고 있을 때는 검 두 자루를 몸에 지녀. 하나는 길고 하나는 짧지. 둘 다 장인이 만들었고 면도날처럼 날카로워. 다케시는 이 검들을 필요할 때 제대로 쓸 수 있게 열심히 훈련해야 해.

'와카자시'라는 사무라이의 단검이야.

갑옷

다케시가 다섯 살 때 아버지에게 받은 첫 번째 갑옷은 철판으로 만들었고, 끈으로 단단히 고정되어 있지.

군사 지도자 등 신분이 높은 남성들은 색상이 화려한 갑옷을 입어.

일본 천황의 의뢰로 쓴 글

◀ 싸움의 기술 배우기

다케시는 사무라이가 되기 위해 특수 학교를 다녀. 검술이나 움직이는 목표물을 활로 명중시키는 기술뿐 아니라, 역사와 문학 같은 과목도 공부하지.

나무로 만든 칼집

일본의 지방 가문들

일본은 여러 섬들이 모여 이루어진 나라야. 각 지방에서 권력을 잡은 집단으로 이루어져 있지. 사무라이는 자신의 영주를 경쟁자로부터 보호하고, 일본 조정에 대한 영향력을 키우지.

서예

다케시는 읽고 쓰는 법을 배워야 해. 붓과 먹으로 서예를 익히지. 서예를 잘하면 일본에서 매우 높이 평가 받아.

10세기	1192년	1281년	14세기	1543년
후지와라, 다이라, 미나모토 등 사무라이 가문들이 세력을 키우다.	미나모토노 요리토모가 쇼군(군사 지도자)이 되어 천황 대신 통치하다.	사무라이가 태풍 덕분에 몽골의 침략으로부터 일본을 지켜내다.	'마사무네'라고 불리는 대장장이가 사무라이 검을 더욱 날카롭고 힘있게 만들다.	군대의 규모가 더 커지고 전쟁에 화약이 사용되면서 사무라이 시대가 막을 내리다.

몽골
칭기즈 칸이 이끈 거대한 제국

13세기 칭기즈 칸은 중앙아시아의 초원을 하나로 통합하고 엄청난 군대를 만들었어. 몽골족은 아시아를 넘어 유럽까지 진격했고, 역사상 가장 큰 제국을 세웠지. 말은 몽골군이 엄청난 속도로 이동할 수 있게끔 했어. 거의 모든 몽골 어린이들은 말타기를 배웠지.

안장은 말 위에서도 고삐를 잡지 않고 활을 당길 수 있게 버티는 역할을 해.

말 탄 전사들
어린이들은 세 살 때부터 말타기를 배웠어. 소년들은 활을 당길 수 있을 때부터 활쏘기를 연습했어. 엄청난 기술로 무장한 소년들은 무시무시한 전사로 성장했어.

칭기즈 칸
칭기즈 칸(약 1162~1227)은 엄청나게 넓은 영토를 점령했어. 적은 수의 군대로도 전투에서 늘 승리를 거두었지. 그는 제국 전체를 직접 통치하지는 않고, 속국으로 만들어 세금을 거두었지.

몽골 제국
몽골 제국은 동아시아부터 중부 유럽까지 뻗어 있었어. 몽골족은 중국에 원 왕조를 세워 1271년부터 1368년까지 거의 한 세기 동안 통치했지.

1130년경 중국의 금 왕조가 몽골족의 공격을 물리치다.

1200년경 몽골의 기후가 따뜻해지면서 가축이 먹을 풀이 풍부해지다.

가축

1206년 칭기즈 칸이 몽골족의 지배자가 되다.

1227년 칭기즈 칸이 죽다.

1259년 왕실의 다툼으로 제국이 여러 '칸국'들로 나누어지다.

보호용 모자

상인 보호

몽골 제국 전역에 걸쳐 중국과 유럽을 잇는 무역로가 펼쳐져 있었어. 이 무역로를 '실크로드'라고 불러. 값나가는 중국 비단도 상인들 사이에 거래되었어. 몽골인들은 상인을 보호해 주는 대신 통행세를 거두었어.

몽골군의 철 갑옷

유목

몽골인들은 고기, 젖, 양털을 얻기 위해 양과 염소 같은 가축을 길러. 가축이 뜯어 먹을 풀밭을 찾아 이곳저곳으로 무리지어 이동하지. 어린이들은 가축을 몰거나 젖 짜는 일을 도와.

펠트 덮개를 밧줄로 고정시켜.

구부러진 나무 조각과 장대로 만든 틀

모직 펠트로 만든 두꺼운 덮개

몽골의 천막집

몽골인들은 이사를 많이 다녔어. 쉽게 치고 걷을 수 있는 둥근 천막에서 살았는데, 이를 '게르'라고 해. 천막 안은 구역이 나뉘어 있어서 나이 많은 사람이 안쪽에, 젊은이는 문 가까이에 앉았지.

1260년 몽골족이 갈릴리 지방의 아인잘루트 전투에서 맘루크 무슬림 군대에게 패하다.

1260년 칭기즈 칸의 손자, 쿠빌라이 칸이 몽골 제국 전체의 대칸이 되다.

1271년 쿠빌라이 칸이 중국에 원 왕조를 세우다.

1368년 원 왕조가 몰락하고 몽골이 쇠퇴하다.

1405년 몽골 제국의 마지막 통치자 티무르가 죽다.

몽골 전사의 활

실크로드
동서 교역로

실크로드는 중국과 유럽을 연결하는 여러 육로를 말해. 기원전 2세기에서 기원후 15세기에 상인들이 이 길들을 따라 물건을 실어 날랐어. 물건뿐 아니라, 새로운 기술이나 사상도 오갔지. 실크로드에 살았던 어린이들은 아시아와 유럽 곳곳에서 흥미진진하고 다양한 상품들을 싣고 온 상인들을 목격했을 거야.

동서 교역로

실크로드는 중국, 페르시아, 아르메니아, 터키, 그리스 등 문화와 언어가 서로 다른 지역들을 중앙아시아와 연결했어. 상인들은 유럽에 아시아 상품을 가져왔을 뿐 아니라 여러 아시아 국가들과도 교역했지.

중국인들은 수세기 동안 비단 만드는 방법을 비밀로 했어.

아르게 밤

오늘날 이란 동남부에 있는 성벽 도시 아르게 밤은 실크로드의 중요한 통로에 위치에 있었어. 수많은 상인들이 이곳에서 상품을 거래했지.

실크로드로 오간 것

유럽 상인들은 아시아에 금과 은을 가져와서 비단, 도자기 같은 상품을 사 갔어. 페르시아 상인들은 대추, 견과류, 사프란을 가져와서 팔았지. 계피, 육두구 같은 아시아에서만 나는 향신료를 유럽에 파는 상인도 있었어.

알렉산드로스 대왕

기원전 475년경
페르시아 '왕의 길'이 페르시아와 지중해 동쪽 지역을 연결하다.

기원전 329년
알렉산드로스 대왕이 중앙아시아 원정을 떠나다.

기원전 138년경
중국 한나라 황제가 장건을 중국 서쪽 지역으로 보내다.

기원전 130년경
장건의 탐험으로 실크로드의 존재가 알려지다.

험난한 여행길

상인들은 상품과 음식을 낙타에 실어 운반했어. 혹 두 개 달린 쌍봉낙타와 혹 하나 달린 단봉낙타를 이용했지. 이동 중에 강도에게 습격을 당할 수도 있었기 때문에, 상인들은 안전을 위해 '카라반'이라 부르는 큰 무리를 이루어 여행했어.

어떻게 알았을까?

이탈리아 상인 마르코 폴로(1254~1324)는 아버지, 삼촌과 함께 실크로드로 중국을 여행한 이야기를 책으로 썼어. 마르코가 열일곱 살일 때 시작된 여행은 3년 동안 지속되었고, 그들을 수많은 산, 사막, 평야로 데려다주었어. 마르코의 책에 나오는 이야기 중 지어낸 것도 있을지는 모르지만, 당시 실크로드에 대해 유용한 정보를 제공해 주고 있어.

진흙 벽돌로 만든 아르게 밤 성벽

새로운 무역로

15세기 서유럽의 잉글랜드와 포르투갈은 동아시아와 직접 교역하기를 바랐어. 이들은 바다 건너 아시아로 가는 새로운 길을 찾아냈어. 유럽이 새로운 교역로를 개척하며 실크로드는 예전만큼 중요하지 않게 되었어.

6세기
비단 재료인 누에알이 중국에서 유출되고, 비단이 유럽에서 생산되면서 실크로드가 쇠퇴하다.

누에

639년
중국 당나라 때 실크로드가 다시 활기를 띠다.

1207~1360년
몽골 제국 통치하에 동서양 교류가 활발해지며 실크로드가 번영하다.

1490년대 이후
유럽 상인들이 새로운 바닷길을 주로 이용하며 실크로드의 중요성이 감소하다.

먹는 것의 역사
음식은 어떻게 변했나

역사적으로 대부분의 시간 동안 사람들은 채집을 하고 사냥을 하고 농사를 지어 먹고 살았어. 19세기까지는 냉장고나 냉동고가 없었기 때문에 사람들은 대부분 신선한 음식을 먹었지. 19세기와 20세기에 캔과 냉동식품이 등장하면서 사람들은 훨씬 다양한 음식 맛을 접할 수 있게 되었어.

염소젖으로 만든 치즈

고대 그리스인들은 거대한 도기 항아리에 올리브를 저장했어.

올리브

석기 시대

돌도끼

석기 시대 초기 사람들은 동물을 사냥하고, 나뭇잎, 딸기, 달걀 같은 식재료를 채집했어. 어린이는 어른에게 무엇을 골라야 하고, 어떻게 사냥해야 하는지 배웠지. 석기 시대 후반에는 농경이 시작되었어.

노랑촉수

고대 그리스

(기원전 5세기 이후) 고대 그리스인은 배를 잘 만들어서, 바다에서 생선을 잡고 다른 나라에서 음식을 구할 수 있었지. 그러나 대부분의 사람들은 그리스에서 나는 올리브와 염소젖으로 만든 치즈를 먹고 포도로 만든 와인 등을 마셨어.

쐐기풀
새알

중세의 잔치

중세(400~1400) 사람들은 다양한 농작물을 키우고, 밀로 빵을 만들었어. 부자들은 사슴부터 멧돼지까지 다양한 고기를 먹었지만, 가난한 사람들은 거의 채소만 먹었어.

탐험의 시대

15~17세기에 유럽 탐험가들은 아시아에서 향신료, 터키에서 커피, 아메리카에서 토마토와 감자 등 다양한 음식을 가져왔어. 음식은 훨씬 다양해졌고 많은 사람들에게 흥미로운 존재가 되었지.

커피콩

캔이 생겨나고 몇 년 뒤에 캔 오프너가 발명되었어.

포장 음식

19세기에 출시된 통조림과 냉동식품은 20세기에 더욱 저렴해져 인기를 끌었어. 일 년 내내 '계절' 채소를 즐길 수 있고, 음식을 먹지 않고 몇 달 동안 놔두어도 된다는 걸 뜻하지.

다양한 음식 섭취와 건강

현대의 과학 연구에 따르면, 신선한 과일과 채소로 균형 있는 식사를 하는 것이 무척 중요해. 달콤한 사탕과 음료를 피하고 지방을 과다하게 섭취하지 않는 것이 어린이와 어른의 건강을 지키는 데 도움이 되지.

테레사
흑사병이 휩쓴 시기를 살아가는 소녀

테라사는 전염병이 널리 퍼지던 1348년 스페인 바르셀로나에서 살고 있는 열두 살 소녀야. 아버지는 상인인데, 흑사병으로 가족의 삶이 황폐해졌어. 테레사의 많은 친구들도 이 병에 걸렸어. 병에 걸리면 열이 나고 피부가 검게 부어오르다가 며칠 만에 죽게 돼.

흑사병

사람들은 이 전염병을 '흑사병'이라고 불러. 치료법이 없고, 사람들은 병균이 벼룩에 기생한다는 걸 아직은 몰라. 벼룩은 쥐와 여러 동물의 몸에 기생하면서 비위생적인 마을과 도시에서 번성하지.

상선

테레사의 아버지는 지중해를 건너 바르셀로나에 오는 상품들을 거래해. 제노바와 베네치아 등 이탈리아 도시에서 온 배에는 비단옷, 향신료, 소금, 밀, 가죽 제품, 모피 등이 실려 있지.

▼ 바르셀로나의 거리

바르셀로나는 분주한 도시였어. 많은 가게와 상인들의 창고로 넘쳐났지. 하지만 지금은 아픈 사람들뿐이야. 살아 있는 사람들은 시신을 매장해야 하지.

- 흑사병이 들어오는 걸 막기 위해 식초로 출입문을 문지르고 있어.
- 시신을 실어 나르는 수레
- 전염을 막기 위해 병으로 죽은 사람의 옷을 불태워.
- 흑사병이 물러가게 해 달라고 기도하는 어린이들
- 죽어 가는 사람을 지켜보는 신부

1320년대 중국에서 흑사병이 발생했다고 보고되다.

1347년 흑사병이 이탈리아 남부, 그리고 프랑스 마르세유까지 번지다.

1348~1349년 흑사병이 바르셀로나, 잉글랜드, 아프리카, 아라비아로 퍼지다.

1350년 흑사병이 휩쓴 나라들에서, 인구의 삼분의 일에서 절반이 목숨을 잃다.

14~17세기 전염병이 추가로 발병하여 유럽에 영향을 미치다.

흑사병의 확산

흑사병은 중국에서 흑해에 이르는 교역로를 따라 퍼졌어. '카파'라는 도시를 출발한 제노바 상인들이 배를 타고 돌아가, 지중해와 유럽으로 이 병을 옮겼지. 다른 지역에서 활동하던 상인들은 아프리카와 중동으로 퍼뜨렸어.

■ 흑사병이 전파된 지역

약초

의사들은 약초를 사용해 보지만 흑사병을 치료하지 못하고 있어. 약초도 전염병의 증상을 완화할 뿐이지. 사람들은 이 병을 신이 내린 벌이라고 생각해.

- 병을 치료하는 데 사용하는 약쑥
- 열과 두통을 퇴치하는 데 사용하는 '피버퓨'라는 풀
- '커틀'이라는 속옷을 입고 있어.
- 기도할 때 쓰는 나무로 된 묵주
- '코트아르디'라는 긴 옷이야.
- 성직자들이 행렬을 지어 성상을 나르고 있어.
- 전염을 막기 위한 약초 꾸러미
- 환자가 있는 집에 X표가 쓰여 있어.

1720년
유럽 최후의 흑사병이 마르세유에서 발생하다.

1900~1925년
오스트레일리아에서 발생한 사건을 통해 벼룩이 질병을 옮겼다는 사실이 밝혀지다.

벼룩

리성
명 왕조 시기의 소년

리성은 명 왕조(1368~1644) 초기에 중국 난징에 살고 있는 아홉 살 소년이야. 그의 가족은 대식구인데 특히 아버지, 큰형과 특히 사이가 좋아. 리성과 형제들은 학교에 가서 공자의 사상을 공부하고 중국어를 읽고 쓰는 법을 배워. 모두 학교 성적이 좋아서 아버지처럼 명 왕조를 위해 일하게 될 거야.

연의 뼈대는 대나무로 만들어.

밝은 색 비단으로 덮여 있어.

명 왕조 시대의 중국

명나라 황제는 많은 군대를 동원해 제국을 지키고, 만리장성을 재건하여 국경을 방어하고 있어. 제국을 다스리기 위해 많은 사람들이 조정에서 관리로 일하지. 리성은 커서 과거 시험에 합격해 관리가 되고 싶어 해.

■ 1400년, 명 왕조의 영토

유교

리성의 부모는 아들이 공자의 가치를 따르도록 키워. 공자는 가족 윤리가 가장 중요한 가치라고 가르쳤어. 자식은 부모를 공경하고 효도해야 한다고 했지.

베이징의 공자 사당

1368년
홍무제가 명 왕조를 세우다.

1402~1424년
3대 황제인 영락제가 명나라의 힘을 키우고 베이징에 자금성을 건설하다.

1405~1433년
정화가 영락제의 명을 받아 해외 원정을 떠나다.

1421년
베이징이 중국의 수도가 되다.

베이징에 있는 영락제의 초상

48

◀ 장난감과 게임

중국 어린이들은 레슬링, 무술, 줄넘기, 숨바꼭질 같은 활동적인 놀이를 좋아해. 연날리기와 인형놀이도 즐기지. 연은 리성이 가장 좋아하는 놀이로, 중국에서 처음 만들어졌다는 기록이 있어. 리성의 연은 새 모양이지.

부드러운 천으로 만든 모자
소매통이 넓은 비단옷
연실이 감겨 있는 실패
헐렁한 비단 바지

국수
잉어

신선한 음식

리성은 여러 가지 음식을 먹어. 국수, 밥, 깻묵 같은 흔한 음식뿐 아니라, 잉어나 도미 같은 생선도 먹지. 자두, 살구, 체리 같은 과일도 좋아해.

녹색 자두
참깨 빵

이 성벽은 커다란 돌을 쌓아 만들었어.

난징의 성벽

난징은 명나라 초기 수도이며, 아마도 세계에서 가장 큰 도시일 거야. 명나라 초대 황제가 이 도시를 다시 세웠는데 튼튼한 돌벽을 쌓아 방어를 철저히 했어.

1450년
오이트라는 몽골계 부족이 공격해 온 이후로 만리장성을 더욱 튼튼하게 정비하다.

16세기
유럽과 활발히 무역하기 시작하다.

1644년
명나라가 무너지고 청나라가 세워지다.

틀라흐코
아즈텍의 도시 테노치티틀란에 사는 어린이

틀라흐코는 아즈텍 테노치티틀란에 살고 있는 열 살 소녀야. 농부인 아버지는 변두리의 작은 밭에서 토마토, 콩, 호박, 옥수수 등을 재배하지. 아즈텍 사회에서는 여성이 활동적이며 존경을 받아. 틀라흐코는 시장에서 물건을 거래하고, 보석 만드는 법을 배우고 있어. 다른 아즈텍 소녀들처럼 십대가 되면 학교에 가서 역사와 종교 같은 과목을 배우게 될 거야.

아즈텍 세계

아즈텍인들은 멕시코 중앙에 있는 높고 평평한 '멕시코 계곡'에 살고 있어. 테노치티틀란은 아즈텍에서 가장 큰 도시로, 제국의 수도야. 텍스코코 호수 위에 세워져 있지.

1469년, 아즈텍 제국의 영토

집에서 사용하는 기술들

틀라흐코는 어머니를 도와 어른이 되면 필요한 기술들을 배우고 있어. 천도 짜고, 요리도 하고, 메틀라틀이라는 맷돌에 옥수수를 빻는 법도 배우지.

▼ 수상 도시

호수 위에 세워진 테노치티틀란은 분주한 운하들이 가로질러 있고, 농사를 짓기 위해 물 위에 만든 인공섬에 둘러싸여 있지. 이 인공섬을 '치남파'라고 해. 테노치티틀란의 각 구역마다 시장이 있지.

- 짐꾼들이 카카오 열매를 나르고 있어.
- 관리들이 식물 섬유로 만든 밝은 색 옷을 입고 있어.
- 피라미드 위에 두 신을 모신 신전들이 있어.
- 분주한 시장의 모습

1248년경 아즈텍인이 텍스코코 호에 정착하다.

1325년경 테노치티틀란이 건설되다.

1428년 테노치티틀란과 다른 두 도시가 아즈텍 제국의 토대를 이루다.

아즈텍의 독수리 전사

1440~1469년 몬테수마 1세가 제국을 넓히고 테노치티틀란의 법과 문화를 발전시키다.

재물

아즈텍인들은 신들이 지구상의 사람들에게 생명을 준다고 믿어. 신에게 제물을 바치지 않으면 세상의 종말이 올 것이기 때문에 사람들을 죽여 제물로 바치기도 하지. 틀라흐코는 도시 한가운데, 거대한 피라미드 위에 있는 신전에 희생물이 놓여 있는 것을 본 적이 있어.

엄격한 부모님

틀라흐코는 늘 예의 바르게 행동해야 해. 엄격한 아즈텍의 부모들은 아이가 잘못을 하면 벌을 주지. 칠리 고추를 불에 태울 때 생기는 매운 연기를 억지로 들이마시게 해.

- 선인장의 섬유질로 만든 블라우스
- 옥수숫가루를 반죽하여 '토르티야'라는 빵을 만들어.
- 농부가 옥수수 줄기를 수확하고 있어.
- 치남파들이 나무에 가려져 있어.
- 맨발

1479년
아즈텍인이 멕시코 푸레페차에게 크게 패해 큰 고통을 겪다.

1519년
아즈텍 제국이 최고 전성기를 맞이하다. 몬테수마 2세가 황제가 되다.

1521년
에르난 코르테스가 이끄는 스페인 군대가 아즈텍을 정복하다.

에르난 코르테스

수경
조선 시대의 한국 소녀

열한 살 수경이는 1470년대에 조선의 수도 한성에서 태어났어. 여자 아이가 할 수 있는 일이 많지 않지만, 다른 여성을 치료하는 의녀는 될 수 있어. 결혼 안 한 남녀 사이에는 치료를 할 때도 신체 접촉이 허용되지 않기 때문이야. 수경이는 의원인 아버지 밑에서 사람들을 치료하는 법을 배우고 있어.

끈으로 묶은 짧은 저고리

약초를 빻을 때 쓰는 절구와 절굿공이

◀ 의녀 교육
수경이는 전통 의술을 배우러 다녀. 아픈 사람을 치료하기 위해서는 몸 안에 있는 음과 양이라는 두 가지 힘의 균형을 맞출 줄 알아야 해.

침술에 사용하는 침과 쑥뜸에 쓰는 쑥

전통 의학
조선 의원들은 특수한 치료 기술을 사용해. 침술은 환자의 몸속에 침을 찔러 넣는 거야. 쑥뜸은 쑥을 몸 위에 올려놓고 태워서 치료하는 기술이지.

길고 통이 넓은 치마

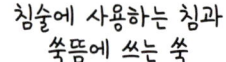

1392년
이성계가 경쟁 세력들을 물리치고, 조선 왕조를 건국하다.

1418~1450년
세종 대왕 통치 기간에 과학과 기술이 발전하다.

조선에서 살아가기

조선 왕조는 1392년에 시작되어 500년 이상 지속되었어. 훗날 서울이라 불리는 한성이 조선의 수도야. 강대국과 이웃하고 있는 조선은 주변 나라들과 교역하고, 어떻게 관계를 맺느냐가 매우 중요해.

인삼

수경이는 병이 나면 인삼이라는 식물 뿌리를 혼합해 만든 약을 마셔. 의원들은 인삼이 원기를 회복시켜 준다고 믿지. 인삼은 조선에서 자라는데, 이것으로 이웃 나라 중국과 교역을 해.

장영실이 발명한 해시계

과학 기술

수경이가 사는 시대에 별과 행성의 움직임을 연구하는 천문학이 발달해. 사람들은 하늘에서 행성의 위치를 정확히 찾아낼 수 있어. 조선 학자들은 해시계와 물시계 같은 시간 측정 기구를 발명하고, 더 나은 지도를 만드는 작업을 하고 있지.

백자 병과 청색 안료를 사용해 만든 백자 항아리

조선의 물건

조선은 도자기 만드는 기술이 뛰어나고 종류 또한 다양해. 조선은 주변 나라들의 침입에 대비하는 동시에 교역을 해. 일본 해적인 왜구가 계속 노략질해 오자 이들의 근거지인 쓰시마 섬을 정벌하기도 했으나, 정해진 곳에서는 교역을 허락하지.

한글이 새겨진 도장

1443년
한글이 창제되다.

1592년
일본이 조선을 침략하며 임진왜란이 일어나다.

1636년
청나라가 조선을 침략하며 병자호란이 일어나다.

1650~1850년경
조선이 평화로운 시대를 맞이하다.

1897년
대한 제국이 수립되다.

엄청난 변화가 불어닥치다

4장

16~18세기는 엄청난 변화의 시기였어. 르네상스로 예술과 교육에 많은 발전이 있었고 종교 개혁으로 개신교가 등장했지. 반면 노예 제도는 많은 어린이들과 수백만 아프리카인들에게 너무나도 끔찍한 현실이었어.

알바로
리스본의 시장에서 일하는 어린이

알바로의 아버지는 포르투갈의 수도 리스본에서 향신료를 파는 상인이야. 알바로는 열한 살이고 아버지의 노점에서 일하지. 최근에 알바로는 1497~1499년 인도를 여행하고 돌아온 탐험가, 바스쿠 다 가마의 귀국을 환영하는 인파 속에 있었어. 향신료는 동쪽 나라에서 수입해 와야 해서, 알바로와 아버지는 더 많은 배가 인도로 가서 향신료를 최대한 많이 실어 오기를 바라.

▶ 향신료 무역

알바로의 아버지가 취급하는 향신료는 몰루카 제도(오늘날 인도네시아 동쪽 섬 무리)에서 자라서 아시아를 거쳐 육로로 포르투갈에 와. 아시아에서 오는 동안 여러 중개 상인들의 손을 거치기 때문에 값이 무척 비싸지.

1519년에 완공된 방어 요새, 벨렝 탑

리스본

리스본은 주요 항구이자 세계적인 무역 중심지 가운데 하나야. 무역으로 벌어들인 돈으로 도시는 풍요로워졌지. 포르투갈의 왕 마누엘 1세는 요새를 세우는 등 항구와 그곳에 있는 많은 배를 보호하는 데 힘쓰고 있어.

끈으로 조인 짧은 튜닉

육두구

계피

설탕 덩이

후추 열매

파란색 호스 (스타킹)

카르다몸 (서남 아시아산 생강과 식물 씨앗을 말린 향신료)

가죽으로 만든 발목 부츠

1415년
포르투갈의 엔히크 왕자가 탐험가들을 대서양으로 파견하다.

항해 왕자 엔히크

1488년
포르투갈 탐험가 바르톨로메우 디아스가 아프리카 대륙 남쪽을 탐험하다.

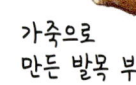

탐험의 시대

15세기에 포르투갈 선원들이 아프리카 해안을 탐험하기 시작했어. 그곳에 남은 사람들은 아프리카에 식민지를 건설했지. 탐험가들은 향신료가 나는 인도와 몰루카 제도와 같은 섬으로 가기 위해 들르는 중간 지점으로 식민지를 이용했어.

바스쿠 다 가마의 인도 항로

화폐

알바로는 숫자에 강해. 노점에서 일하면서 계산 연습을 많이 할 수 있었어. 포르투갈인은 '레알'이라는 화폐를 사용하고, 동전은 금이나 은으로 만들어.

15세기 포르투갈에서 만든 화폐, 레알

바스쿠 다 가마

포르투갈 선원 바스쿠 다 가마는 바다를 건너 인도에 도착한 최초의 유럽인이야. 알바로는 1499년 바스쿠 다 가마가 리스본에 도착하는 모습을 지켜봤어. 그는 영웅 대접을 받았지. 이 여정은 위험천만했지만 포르투갈이 큰돈을 버는 계기를 마련했어.

카라벨

리스본 항구에 있는 탐험가들이 타는 배를 카라벨이라고 해. 길이 12~18미터의 작은 배로, 삼각형 돛대를 달고 있지. 대서양의 변화무쌍한 바람 속에서 항해하는 데 안성맞춤이야.

카라벨

1492년
이탈리아 출신 탐험가 크리스토퍼 콜럼버스가 대서양을 건너 카리브 해를 항해하다.

크리스토퍼 콜럼버스

1497~1498년
바스쿠 다 가마가 인도로 항해하다.

1511년
아폰수 드 알부케르크가 몰루카 제도를 점령하다.

1519~1522년
포르투갈 선원 페르디난드 마젤란과 그의 일행이 세계 일주 항해를 하다.

1524년
바스쿠 다 가마가 3차 항해 도중 죽다.

57

마리암
16세기 팀북투에 사는 어린이

마리암은 1500년대 초 팀북투에 사는 열 살 소녀로, 아버지는 학자야. 이곳은 학문의 중심지로, 많은 학생들과 학자들이 모인 이슬람 대학교가 있지. 번화한 도시, 팀북투 시장에서는 상인들이 소금, 상아, 책을 팔아.

어떻게 알았을까?

스페인 학자 레오 아프리카누스(1494~1554)는 드넓은 지역을 여행한 뒤, 《아프리카에 대한 서술》이라는 책을 썼어. 그는 이 책에서 1500년대에 진흙 벽돌로 만든 건물, 일상생활, 풍요로운 팀북투의 모습을 묘사하고 있어.

레오 아프리카누스로 추정되는 그림이야.

▼ 학문의 도시

팀북투에 위치한 고대의 대학교 밖에는 다채로운 물건으로 가득한 시장이 있어. 학생들은 여행자들이 도시로 가져온 글을 베껴 만든 책을 들고 있지. 마리암은 커서 아버지처럼 학자가 되고 싶어해.

금덩어리

금화

팀북투 사람들은 금덩어리를 돈으로 사용해. 밤부크 산맥과 가까운 금광에서 이 도시로 금이 공급되고 있어.

- 소금덩어리와 옷감을 팔고 있어.
- 책 내용을 토론하는 학자들
- 시장에서 사고팔리는 노예들
- 대학교에 안에 있는 징게레베르 모스크
- 교역할 소금을 싣고 사하라 사막에서 온 투아레그인
- 판매용 향신료
- 책을 들고 있는 학생들

1200년경
팀북투가 소금과 금을 거래하는 무역 중심지로 성장하다.

소금

1300년경
상코레 모스크가 설립되다. 이후 팀북투 대학교의 일부가 되다.

1325년경
팀북투가 만사 무사에 의해 말리 제국에 편입되다.

말리의 만사 무사

1327년
징게레베르 모스크가 세워지다.

교육용 나무판

이슬람교인들은 이슬람교 경전인 《쿠란》을 읽기 위해 아랍어를 꼭 배워야 해. 마리암의 오빠는 지역 모스크에 있는 학교에 다녀. 나무판에 새겨진 구절을 베끼면서 《쿠란》을 외우고 있지.

《쿠란》이 새겨진 나무판

사막의 끝

팀북투는 서아프리카의 사하라 사막 남쪽 끝에 위치하고 있어. 이 사막 끝에서 나이저 강이 시작되지. 1500년대 당시 송가이 제국의 중심지이고, 인구는 약 10만 명인 세계에서 가장 큰 도시 중 하나야.

송가이 제국

사하라 사막

팀북투

나이저 강

가죽으로 제본한 책이야. 아버지께 드리려고 마리암이 시장에서 샀지.

강렬한 더위에도 입으면 시원한 헐렁한 옷

메카(이슬람 최고의 성지)로 떠나는 순례자들

책 노점상

쿠란을 가르치는 학자

염소를 돌보는 소년

서아프리카 전통 양식의 원단

1468년 팀북투가 서아프리카의 송가이 제국에게 점령되다.

1493~1528년 송가이 제국의 아스키아 무함마드 1세가 팀북투의 황금시대를 열다.

1591년 모로코가 송가이 제국을 점령하다.

1593년 많은 학자들이 불성실했다는 비난을 받고 어쩔 수 없이 이곳을 떠나다.

시모나
르네상스 시기에 사는 어린이

열한 살 시모나는 1512년 이탈리아 피렌체에 살고 있어. 지금은 르네상스 시기야. 예술, 과학, 건축, 문학이 놀라울 정도로 인기를 끌고 있지. 르네상스는 문화 부흥 운동으로, 이탈리아 예술가와 작가들이 고대 그리스와 로마의 문화를 다시 발견하면서 시작되었지. 시모나의 가족은 부유하며, 아름다운 것들에 둘러싸인 채 살고 있어.

- 탈부착이 가능한 소매
- 속에 받쳐 입는 흰색 언더드레스
- 진주 목걸이
- 허리 라인을 위로 올린 긴 드레스

피렌체

피렌체는 르네상스의 중심지야. 상인과 은행가들이 1436년 완공된 대성당의 대형 돔을 세우는 일과 같은 건축 프로젝트에 투자하고 있지.

- 인쇄 기술이 발명되며 책이 대중화되었어.
- 가문을 나타내는 휘장
- 바느질은 여성들이 좋아하는 취미야.
- 수제 가구

1403년
로렌초 기베르티가 피렌체 성당의 세례당 문을 만들기 시작하다.

기베르티의 문

1452년
르네상스 시기의 가장 유명한 인물이 될 레오나르도 다빈치가 태어나다.

시각 예술

르네상스 시기에는 유화가 유행해. 예술가들은 더욱 사실적인 그림을 그리고, 인체의 형태를 연구하지. 심지어 알브레히트 뒤러라는 독일인 예술가는 인체의 비율에 대한 책을 쓰기도 했어.

르네상스 시기의 이탈리아

르네상스는 이탈리아의 도시들, 특히 피렌체, 밀라노, 로마에서 시작돼. 이 도시들은 상업의 중심지일 뿐 아니라 위대한 예술가, 건축가, 학자들의 고향이기도 하지.

■ 16세기의 이탈리아 도시 국가

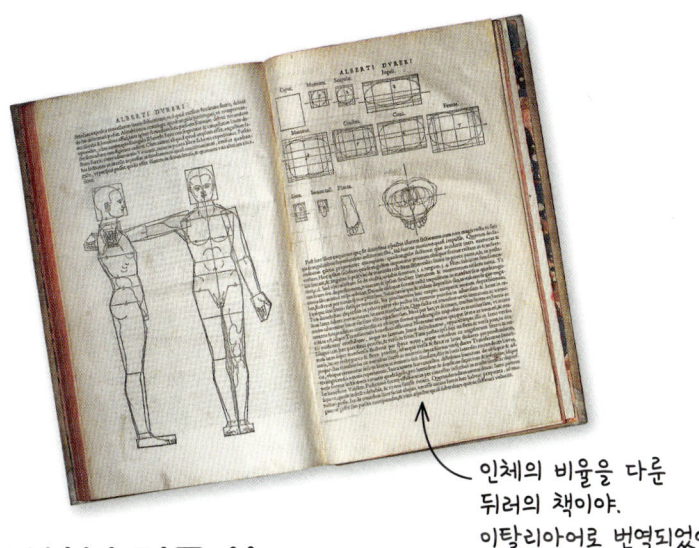

← 인체의 비율을 다룬 뒤러의 책이야. 이탈리아어로 번역되었어.

▼ 사치스러운 삶

시모나의 아버지는 상인이야. 시모나와 가족들은 멋진 가구와 그림이 있는 대규모 저택에서 하인을 부리며 살고 있어. 부모님이 음악과 독서를 즐기는 동안, 아이들은 장난감을 가지고 놀거나 개들과 뛰어 놀지.

음악

르네상스 시기의 부자들은 대부분 음악 공부를 해. 독창이나 합창 그리고 악기 연주를 좋아하지. 시모나의 어머니는 가장 대중적인 악기 중 하나인 류트를 배우고 있어.

← 류트는 보통 줄이 열다섯 개야. 기타처럼 튕겨서 연주하지.

← 보모가 아기를 돌보고 있어.

← 벽면 일부는 특수 기법으로 그린 프레스코화로 장식되어 있어.

← 거실 벽에 태피스트리 (여러가지 색실로 그림을 짜 넣은 직물)가 걸려 있어.

가족 초상화

하녀

숨바꼭질 놀이

구슬치기를 하는 아이들

1469년
로렌초 데 메디치가 피렌체를 통치하며 보티첼리와 같은 예술가들을 후원하다.

부유층 여성들은 작은 개들을 애완견으로 키워.

1505~1512년
미켈란젤로가 로마의 시스티나 예배당 천장화를 그리다.

1507년
알브레히트 뒤러 같은 예술가들이 르네상스 사상을 북유럽으로 들여오다.

1529~1530년
스페인군이 피렌체를 공격하다. 많은 예술가들이 잠적하다.

61

종교 개혁
유럽을 강타한 종교의 대격변

중세 유럽에서는 사람들 대부분이 교회를 다녔어. 교회는 예배를 드리는 곳이지만 교육과 의료 서비스도 제공했지. 16세기에 많은 사람들은 당시 로마 가톨릭교회가 부패했다며 개혁이 필요하다는 목소리를 냈어. 교회 내부에서 개혁을 원하는 이들도 있었고, 새로운 개신교 교회의 탄생을 바라는 이들도 있었어. 이러한 움직임을 종교 개혁이라고 해. 사회적으로 엄청난 파장을 일으켰지.

인쇄 기술
책을 손으로 일일이 베껴 썼던 이전과는 달리, 인쇄술이 발달하면서 빠른 속도로 책을 만들 수 있었어. 르네상스가 널리 퍼진 것도 그 때문이었지. 이전까지 라틴어로만 쓰였던 《성경》이 여러 언어로 번역되고 인쇄되었어. 누구나 《성경》의 메시지를 이해할 수 있게 된 거야.

목판 인쇄기

루터가 변화를 요구하다
가톨릭교회의 교황이 부족한 돈을 메우고자 면죄부를 팔았어. 죄를 지어도 면죄부가 있으면 천국에 갈 수 있다면서 말이지. 그러자 독일인 마르틴 루터는 면죄부 판매를 비판하며, 비텐베르크 교회 문에 '95조 반박문'을 써 붙였어.

수도원이 문을 닫다
1530년대에 헨리 8세는 잉글랜드의 모든 수도원을 폐쇄했어. 수도원은 그동안 교육과 자선 사업을 해 왔던 곳이야. 수도원이 폐쇄되면서 새로 학교를 짓는 데 시간이 오래 걸렸고, 많은 어린이들이 배울 기회를 놓칠 수밖에 없었어.

1439년경 독일의 금속공 요하네스 구텐베르크가 인쇄기를 개발하다.

1517년 마르틴 루터가 면죄부에 항의하다.

1524~1525년 가톨릭의 권력에 맞서 독일 농민들이 반란을 일으키다.

1527년 구스타브 1세의 영향 아래 스웨덴이 종교 개혁을 시작하다.

헨리 8세

1534년 헨리 8세가 통치하는 잉글랜드가 가톨릭 교회에서 탈퇴하다.

1600년 유럽

 신교 우세 지역　　 구교 우세 지역

종교 개혁의 확산

독일인 루터, 프랑스의 칼뱅과 스위스의 츠빙글리는 조국에서 종교 개혁을 시작했고, 이후 유럽 북부로 전파되었어. 종교 개혁으로 기독교는 교황을 따르는 기존 세력인 가톨릭과, 이에 대항하는 프로테스탄트로 나뉘었어. 가톨릭을 구교, 프로테스탄트를 신교 혹은 개신교라 부르지.

반종교 개혁 기간 동안, 크고 역동적인 모습을 한 성인의 조각상들이 많이 만들어져 신앙심을 강조했어.

가톨릭교회의 대응

반종교 개혁은 종교 개혁으로 인해 잃어버렸던 세력을 회복하려던 가톨릭교회 내에서 일어난 운동이야. 교회의 규칙에 반대하는 이들에 대한 처벌부터 더욱 효과적인 설교와 새로운 양식의 교회 예술에 이르기까지, 다양한 시도를 했어.

볼튼 수도원은 잉글랜드의 종교 개혁 당시 폐쇄된 수도원 중 하나야.

'성 바르톨로메오 축일의 학살'로 신교도 수천 명이 죽었어.

종교 전쟁

16세기와 17세기는 종교적 폭력이 난무한 시대였어. 프랑스에서는 1572년 '성 바르톨로메오 축일의 학살'로 어린이를 포함한 신교도들이 살해되었어. 또 개신교와 가톨릭교의 갈등으로 '30년 전쟁'이 일어났어. 유럽 전역을 휩쓴 비극이었지.

1535년
개신교도들이 프랑스에서 처벌받다. 많은 사람들이 다른 나라로 떠나다.

화형을 당하는 개신교도들

1545년
반종교 개혁 운동이 시작되다.

1572년
프랑스에서 개신교도들이 성 바르톨로메오 축일의 학살로 죽임을 당하다.

1618~1648년
'30년 전쟁'이 오스트리아에서 스웨덴까지 급속히 번지다.

베팀

오스만 제국의 예니체리 소속 병사

베팀은 세르비아의 베오그라드에서 온 열한 살 소년이야. 그가 살던 도시는 1521년 오스만 제국에게 점령되었어. 베팀은 포로가 되어 터키의 한 마을로 끌려왔고, 그곳에서 오스만 술탄(황제)의 노예들로 이루어진 전투 부대 '예니체리' 대원이 되기 위한 훈련을 받고 있어. 그는 예니체리에 들어간 뒤 이슬람교로 개종하고 터키어를 배우고 있어.

오스만 제국

1520년 오스만 제국이 지중해의 거의 대부분을 차지했어. 곧이어 술레이만 1세가 북아프리카, 동유럽, 오늘날 이란으로 제국의 영토를 더욱 넓혔지.

이슬람

오스만 제국 사람들은 이슬람교를 믿어. 이슬람 교도는 하루에 다섯 번 기도를 하고, 예배에 참석해. 이슬람 율법에 따르면, 비이슬람 교도만 노예로 삼을 수 있어. 그래서 베팀은 예니체리에 소속될 수 있었어.

무슬림 예배 장소, 모스크

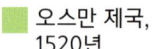 오스만 제국, 1520년

기도 소리가 들리는 뾰족탑

목조 건물들

양탄자와 쿠션을 깔고 앉아 있는 카페 손님들

모스크로 들어가는 예니체리 병사들

물장수

낙타에서 짐 내리기

1299년
오스만 1세가 아나톨리아 (오늘날 터키)에 오스만 제국을 세우다.

오스만 1세

1362~1389년
오스만 제국이 유럽 동남부의 발칸 지역으로 뻗어 가다.

1380년대
예니체리 부대가 비이슬람 교도인 소년들을 모집하기 시작하다.

1453년
오스만 제국이 콘스탄티노플을 점령하여 수도로 삼다.

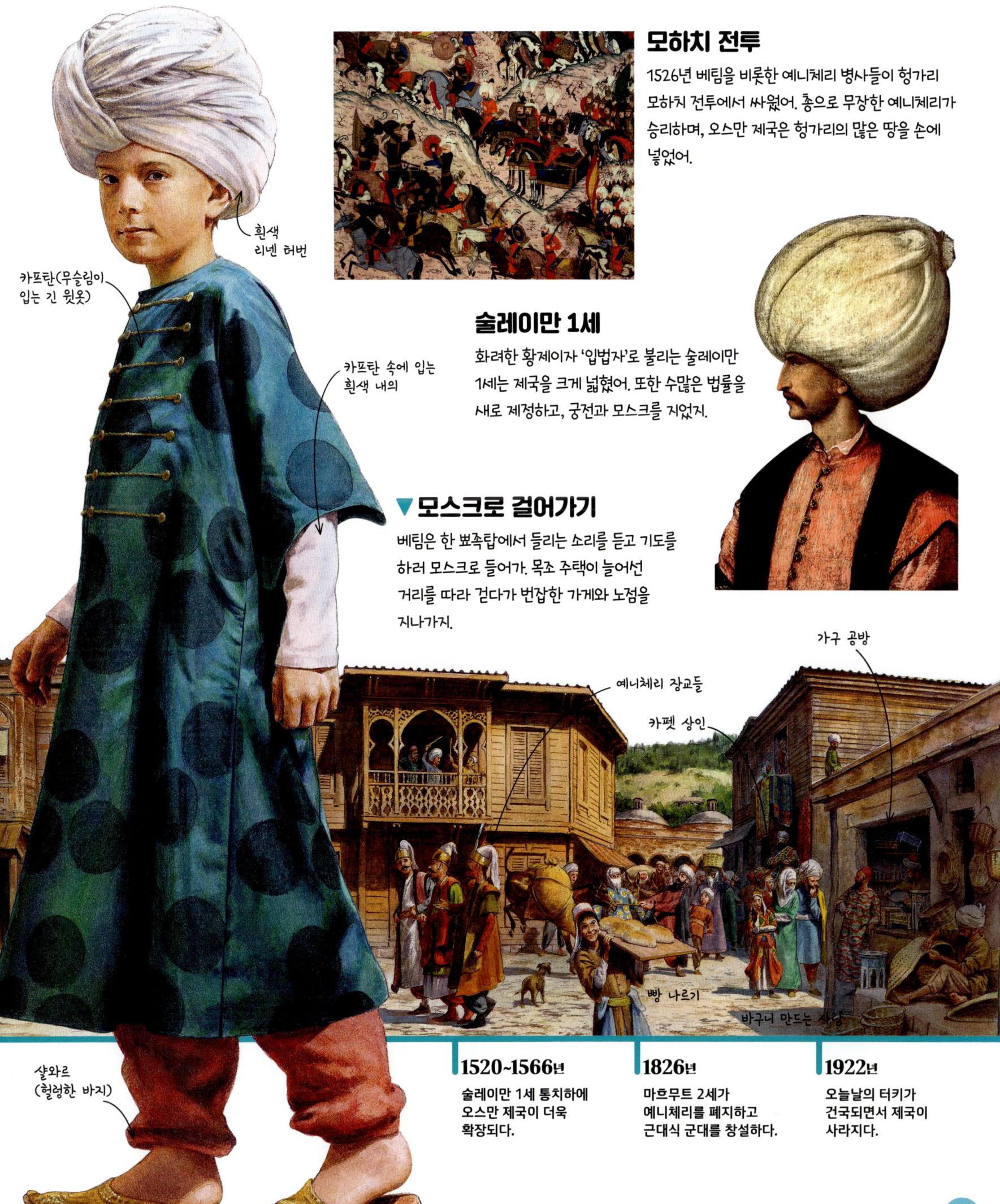

모하치 전투
1526년 베팀을 비롯한 예니체리 병사들이 헝가리 모하치 전투에서 싸웠어. 총으로 무장한 예니체리가 승리하며, 오스만 제국은 헝가리의 많은 땅을 손에 넣었어.

술레이만 1세
화려한 황제이자 '입법자'로 불리는 술레이만 1세는 제국을 크게 넓혔어. 또한 수많은 법률을 새로 제정하고, 궁전과 모스크를 지었지.

▼ 모스크로 걸어가기
베팀은 한 뾰족탑에서 들리는 소리를 듣고 기도를 하러 모스크로 들어가. 목조 주택이 늘어선 거리를 따라 걷다가 번잡한 가게와 노점을 지나가지.

1520~1566년
술레이만 1세 통치하에 오스만 제국이 더욱 확장되다.

1826년
마흐무트 2세가 예니체리를 폐지하고 근대식 군대를 창설하다.

1922년
오늘날의 터키가 건국되면서 제국이 사라지다.

에드워드 6세

진짜 삶

잉글랜드 소년 왕

에드워드 6세는 1547년 아버지인 헨리 8세가 죽자 왕이 되었어. 당시 에드워드의 나이는 겨우 아홉 살이었지. 잉글랜드는 로마 가톨릭 국가였지만, 1534년 헨리 8세가 가톨릭과 관계를 끊었어. 그러고서 잉글랜드는 독립된 교회를 소유하겠다고 선언했지. 이후 에드워드의 신하들은 잉글랜드를 완전히 개신교 국가로 만들었어. 당시 종교는 사람들에게 무척 중요했기 때문에, 많은 이들이 이러한 변화에 동요했지.

종교적 변화

에드워드 통치 기간에, 교회 지도자들은 전통적인 라틴어 대신 모국어인 영어로 예배를 하기 시작했어. 심지어 성인, 천사의 조각상과 그림을 파괴했어. 이러한 성상을 만드는 것을 가톨릭교회의 인습으로 여겼기 때문이야.

그림 속 성인의 얼굴을 긁어 놓았어.

교육

에드워드는 최고의 학자들에게서 배웠어. (왼쪽 사진처럼) 글을 명료하게 잘 썼고, 종교, 철학, 기하학, 음악 그리고 여러 언어를 공부했지. 언어 습득 능력 또한 탁월해서 라틴어, 그리스어, 프랑스어, 스페인어, 이탈리아어에 능통했어.

가족

에드워드의 어머니 제인 시모어(헨리 8세의 세 번째 부인)는 그가 태어나자마자 죽었어. 아버지 헨리 8세는 아들이 태어나기를 간절히 원했어. 여성 통치자는 약하다고 생각했기 때문에 왕좌를 남성 후계자에게 물려주길 바랐지.

헨리 8세

제인 시모어

> "나의 법률은 엄격하게 지켜져야 할 것이다."
> 에드워드 6세가 누나 매리 튜더에게

왕국

에드워드는 잉글랜드와 웨일스를 통치했어. 스코틀랜드는 당시 분리된 국가였지. 신하들은 에드워드를 스코틀랜드의 어린 여왕인 메리 스튜어트와 결혼시켜 스코틀랜드가 잉글랜드에 통합되기를 바랐어.

스코틀랜드 / 잉글랜드 / 웨일스

1536년
헨리 8세가 제인 시모어가 아들을 낳아 주기를 바라며 그녀와 결혼하다.

1537년
에드워드가 런던 외곽에 있는 햄프턴코트 궁에서 태어나다.

햄프턴코트 궁

1541년
에드워드가 치명적인 열병에 걸리지만 회복하다.

1543년
에드워드가 태어난 지 얼마 안 된 스코틀랜드 여왕, 메리 스튜어트와 약혼하다.

짧은 재위

사람들은 에드워드를 허약한 어린 군주로 여겼어. 그가 통치하는 짧은 기간 동안, 권력을 차지하기 위한 투쟁과 반란이 수없이 일어났지.

1547년
헨리 8세가 죽고 에드워드가 왕이 되다.

1548년
잉글랜드와 스코틀랜드가 전쟁을 벌이다.
메리 스튜어트는 프랑스 왕자와 혼인하다.

1549년
잉글랜드에서 경제 문제로 폭동과 반란이 일어나다.

1553년
에드워드가 그리니치 궁에서 알려지지 않은 병으로 죽다. 가톨릭 신자인 누나 메리 튜더가 여왕이 되다.

여왕이 된 메리 튜더 (메리 1세)

진짜 삶: 포카혼타스

전설이 된 포와탄 소녀

포카혼타스는 포와탄 족장의 딸이야. 포와탄족은 버지니아의 타이드워터에서 온 아메리카 원주민 집단이지. 그녀는 열두 살 무렵 제임스타운의 잉글랜드 지도자 존 스미스의 생명을 구했다고 알려져 있어. 훗날 잉글랜드인인 존 롤프와 결혼한 뒤 런던으로 건너갔지. 잉글랜드인과 평화롭게 지낸 아메리카 원주민으로 유명해졌어.

존 스미스 구하기

포카혼타스의 아버지는 존 스미스의 목을 벨 거라고 말했지만, 포카혼타스가 그의 생명을 구했어. 실제로 이런 일이 일어났는가는 역사가들 사이에서 논쟁 중이야.

제임스타운

제임스타운은 1607년에 잉글랜드인이 세운 북아메리카 최초의 마을이야. 방어하기 쉬우면서도 포와탄족이 이용하지 않는 땅에 자리잡았지.

> "그녀는 나를 죽음에서 구하기 위해 내 머리 위로 자기 머리를 들이댔다."
> — 존 스미스 선장

런던에서의 삶

포카혼타스는 런던에서 살 때 잉글랜드식 옷을 입었고, 백인들 사이에서 '문명화된' 아메리카 원주민으로 여겨졌지. 포카혼타스는 유명해졌지만 아메리카로 돌아가지 못하고 스물한 살 즈음에 죽고 말았어.

집 만들기

포카혼타스는 족장의 딸이었지만, 다른 포와탄족처럼 원형 천막에서 살았을 거야. 그리고 불을 피우고 요리를 하고 먹을 것을 구하러 다니며 시간을 보냈지.

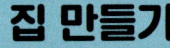 자작나무 껍질을 엮어 만든 원형 천막

 포카혼타스가 런던에 있을 때 그린 초상화

1596년
포카혼타스가 태어나다.

1607년
존 스미스가 잉글랜드인들을 이끌고 북아메리카 버지니아에 도착하다.

존 스미스의 버지니아 지도

1607~1608년
존 스미스가 체포되자 포카혼타스가 그의 생명을 구했다고 전해진다.

1609년
잉글랜드와 포와탄족 사이에 전쟁이 일어나다.

1610년
포카혼타스가 파타워멕족의 코코움과 결혼했다고 전해진다.

족장의 딸

아버지가 족장이었으니, 포카혼타스는 고귀한 가문 출신임을 나타내기 위해 좋은 옷을 입고 조개 구슬을 달았을 거야.

1613년
포카혼타스가 잉글랜드인들에게 체포되고 코코움이 목숨을 잃다.

1614년
포카혼타스가 잉글랜드의 존 롤프와 결혼하고 기독교인이 되다.

포카혼타스의 세례식

1615년 1월
포카혼타스가 아들 토마스 롤프를 낳다.

1616년
포카혼타스가 잉글랜드로 이주하다.

1617년
포카혼타스가 병으로 죽다.

아카치
버지니아에서 노예 생활을 하는 아프리카 소년

아카치는 서아프리카에서 태어났지만, 열 살 때인 1660년에 붙잡혀 북아메리카로 가는 배에 강제로 실려 갔어. 대서양을 건너는 두 달 동안의 고된 여정 끝에 노예로 팔렸어. 아카치는 약 1년 동안 버지니아에서 일했고, 주인은 그를 잭이라고 불렀어. 가정집에서 일하는 노예도 있지만, 아카치는 대규모 농장에서 일해. 그 일은 무척 힘들어서 노예들은 도망칠 기회도, 자유 시간과 돈도 없어.

노예 경매

노예선이 미국에 도착하자마자 노예들은 경매에 팔려. 아메리카 식민지 개척자들은 건강해 보이는 젊고 튼튼한 일꾼만 원하기 때문에 노예들은 가족과 이별해야 하는 때가 종종 있어.

삼각 무역

노예는 세 개의 무역로 가운데 하나로 이동돼. 아프리카에서 온 노예를 아메리카에서 농작물로 교환하고, 아메리카를 출발한 배는 농작물을 유럽으로 보내. 유럽에서는 더 많은 노예를 사들이기 위해 총이나 직물 같은 물건들을 아프리카로 실어 나르지.

노예선

노예들은 배 안에서 두 달 동안 꼼짝없이 따닥따닥 붙어 있어서 몸을 거의 움직일 수 없어. 배는 더럽고, 불평이라도 하면 두들겨 맞아. 항해 도중에 죽어 간 노예들이 수없이 많지.

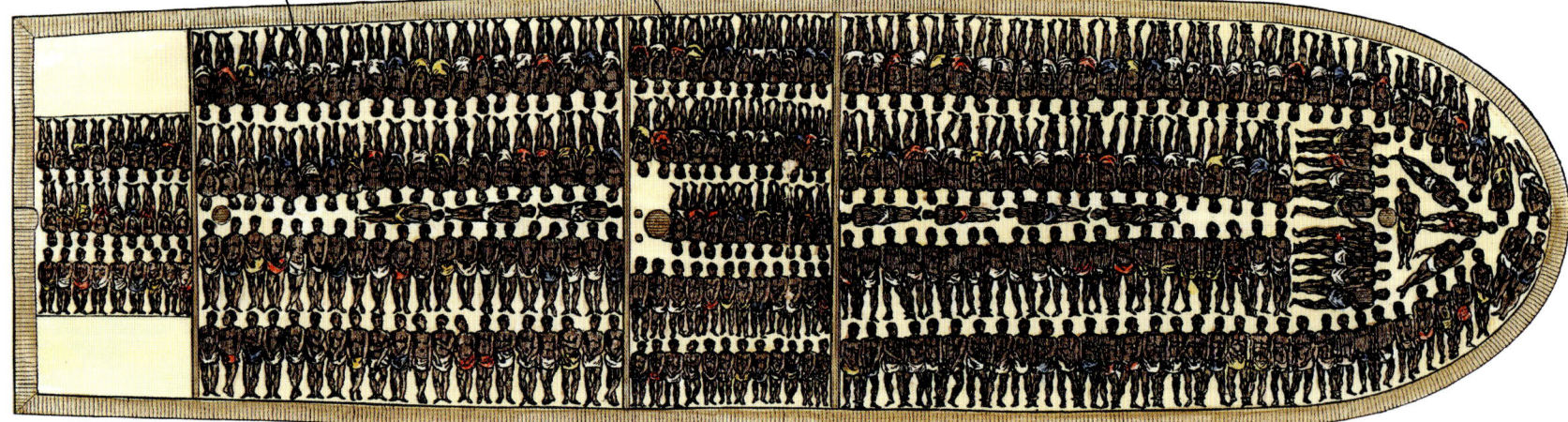

천장이 낮아서 노예들은 누워 있어야 해.

남자들은 여정 중에 함께 묶여 있기도 해.

1501년
스페인인들이 카리브 해에 아프리카 노예를 처음 데려오다.

1612년
담배가 버지니아 제임스타운에서 상품으로 처음 재배되다.

담배는 나무로 만든 기다란 파이프로 피워.

1619년
북아메리카에 세운 잉글랜드의 식민지에서 처음으로 노예를 수입하다.

1663년
기록상 최초의 노예 반란이 버지니아의 글로스터에서 일어나다.

플랜테이션

백인들은 북아메리카나 카리브 해에서 대규모 농장을 경영하며, 아카치와 같은 노예를 부려 설탕, 담배 등을 재배해. 값싼 노동력을 이용해 농작물을 기르는 이런 방식을 '플랜테이션'이라고 해.

채찍질

농장 주인을 위해 일하는 백인 감독관은 언제나 노예들을 감시해. 열심히 일하지 않는 노예를 채찍으로 때리고 빨갛게 달아오른 쇠로 낙인을 찍기도 하지.

너덜너덜하고, 몸에 잘 맞지도 않는 싸구려 옷

나무 손잡이가 있는 괭이

양모로 만든 반바지

▶ 농장에서 일하기

아카치는 괭이와 삽 같은 간단한 농기구로 새벽부터 해 질 때까지 긴 시간 동안 일을 해. 너무나도 힘든 생활이어서 노예들은 오래 살지 못해.

감독관이 노예를 다그칠 때 사용하는 채찍이야.

면으로 만든 붕대로 상처를 감싸고 있어.

1777년
버몬트가 노예 제도를 폐지한 최초의 식민지가 되다.

1808년
미국이 아프리카 노예 수입을 금지하다.

에이브러햄 링컨 대통령이 수정 헌법 13조에 서명했어.

1865년
미국 수정 헌법 13조가 제정되어 노예 제도가 폐지되다.

존

해적선의 심부름꾼

존은 열두 살이야. 1702년 카리브 해를 항해하는 잉글랜드 해적선의 심부름꾼이지. 6개월 전까지는 화물선에서 일했는데, 해적의 공격을 받아 포로가 되었어. 존은 요리는 물론이고 해적들이 다른 배를 공격할 때 화약을 총에 넣는 위험한 일까지, 시키는 일은 무엇이든 다 해.

순면으로 만든 셔츠에 붉은 윗옷을 걸치고 있어.

약탈의 천국

해적들은 대부분 잉글랜드의 적인 스페인 배들을 공격해. 선원들은 금화와 은화, 무기, 연장, 밧줄, 설탕과 럼주 등 팔거나 사용할 수 있는 물건들을 얻기 위해 항상 주위를 살펴.

해적 선장이 수평선에 있는 배 한 척을 보고 있어.

▼ 선상 생활

존은 갑판을 청소하거나 선장과 선원들의 심부름을 해. 돛의 위치를 조정하기 위해 돛대에 오르기도 하지.

'슬롭'이라 부르는 헐렁한 반바지

악사들이 해적을 즐겁게 해 주지.

해적 깃발은 공격할 때만 올려.

1492년
크리스토퍼 콜럼버스가 카리브 해에 가다.

16세기
스페인인들이 볼리비아와 멕시코에서 캐낸 은을 수출하여 해적의 이목을 집중시키다.

물품들은 통에 보관해.

물 나를 때 쓰는 나무 양동이

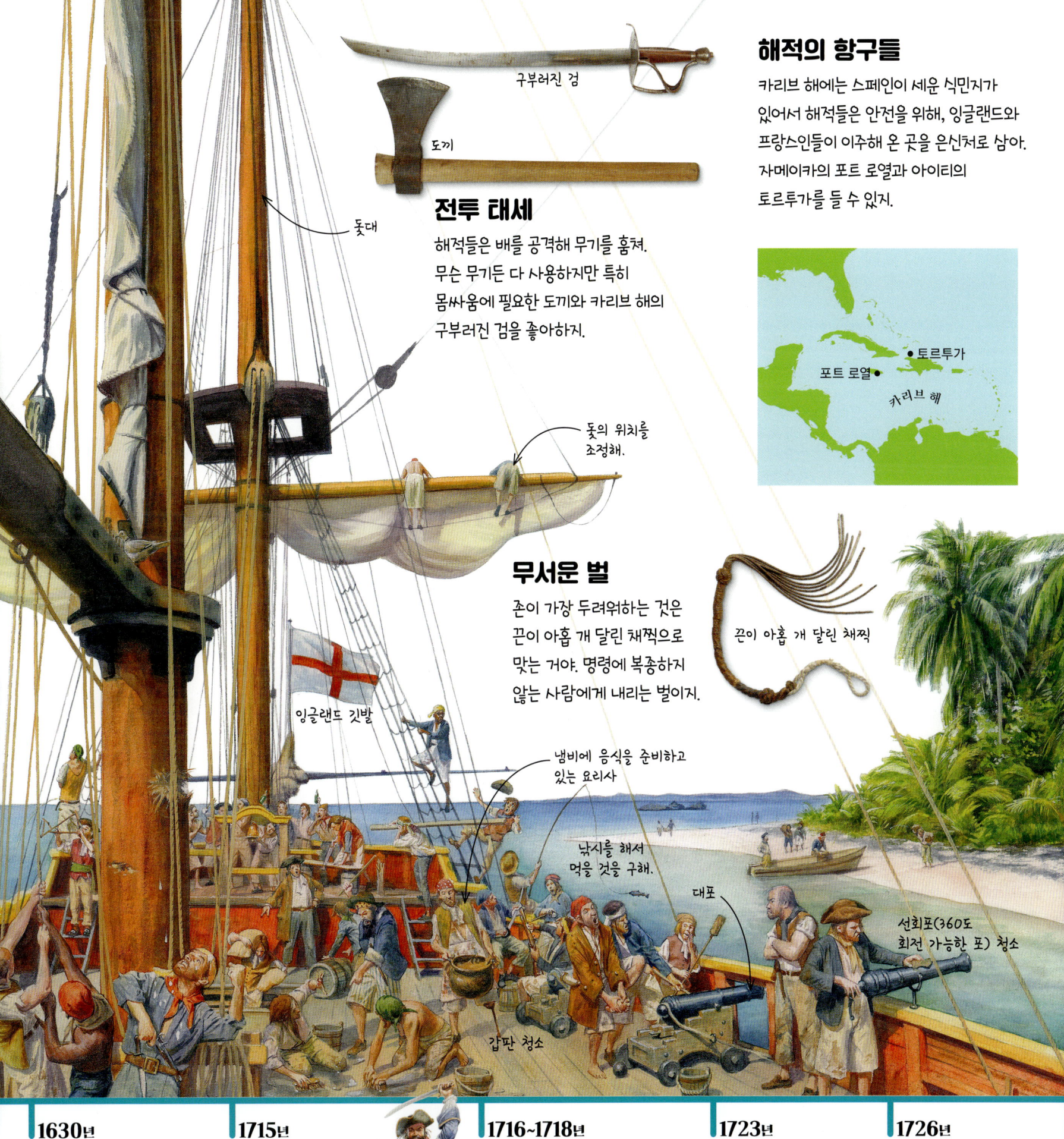

해적의 항구들

카리브 해에는 스페인이 세운 식민지가 있어서 해적들은 안전을 위해, 잉글랜드와 프랑스인들이 이주해 온 곳을 은신처로 삼아. 자메이카의 포트 로열과 아이티의 토르투가를 들 수 있지.

전투 태세

해적들은 배를 공격해 무기를 훔쳐. 무슨 무기든 다 사용하지만 특히 몸싸움에 필요한 도끼와 카리브 해의 구부러진 검을 좋아하지.

무서운 벌

존이 가장 두려워하는 것은 끈이 아홉 개 달린 채찍으로 맞는 거야. 명령에 복종하지 않는 사람에게 내리는 벌이지.

1630년 해적들이 아이티의 토르투가를 근거지로 삼다.

1715년 바하마의 나소가 최후의 해적 항구가 되다.

1716~1718년 에드워드 티치(일명 '검은 수염')가 죽기 전 배를 타고 북아메리카 사우스캐롤라이나에 오다.

1723년 강력해진 해군들이 해적을 소탕하기 시작하다.

1726년 해적질이 절정에 이르렀을 때 '해적의 황금시대'가 끝나다.

진짜 삶 ★ 모차르트

어린이 음악 영재

볼프강 아마데우스 모차르트는 위대한 고전 음악 작곡가들 가운데 한 사람이야. 오스트리아 잘츠부르크에서 태어났어. 세 살 때 피아노를 배우기 시작해서, 다섯 살 무렵에는 작곡을 했지. 그래서 어렸을 때부터 관객들을 깜짝 놀라게 했어. 모차르트는 서른 다섯 살에 세상을 떠날 때까지 600편을 작곡해서 사람들에게 깊은 감동을 주었어.

연주 여행

모차르트는 유럽으로 연주 여행을 다녔어. 프라하에서 자신이 작곡하고 지휘한 오페라를 선보였고 죽기 전 몇 년 동안은 파리, 뮌헨, 빈에서 지내면서 연주회를 열기도 했어.

모차르트가 살았던 시대의 피아노 건반은 61개였어.

피아노 아래에 무릎으로 조작하는 '니 레버'가 있는데, 피아니스트는 이것으로 음을 조절해.

뛰어난 피아니스트

모차르트의 위대한 작품들 가운데 일부는 피아노 연주곡이야. 성인이 되자 콘서트를 열어 직접 작곡한 음악을 연주했지. 정말 뛰어난 연주자였어.

"당신 아들은 내가 직접 알거나 이름을 아는 이들 중에서 가장 위대한 작곡가야."
요제프 하이든, 1785년

오페라의 유산

모차르트의 오페라는 지금까지도 여전히 큰 사랑을 받고 있어. <피가로의 결혼>, 그리고 새잡이 '파파게노'라는 재미있는 캐릭터가 등장하는 <마술 피리>가 특히 유명하지.

작곡을 시작하다

모차르트는 다섯 살 때쯤 피아노 연주를 위해 짧은 춤곡을 작곡했어. 십 대에는 교향곡, 바이올린 연주곡, 합창곡을 많이 작곡해서 관객들의 박수를 받았지.

1756년
오스트리아 잘츠부르크에서 태어나다.

1762년
'신동'이라 불리며 유럽을 여행하다.

잘츠부르크 대주교

1773~1781년
잘츠부르크 대주교의 음악가로 일하다.

1781년
빈에 정착해서 우리에게 가장 잘 알려진 작품들을 작곡하다.

1782년
빈에서 콘스탄체 베버와 결혼하다.

74

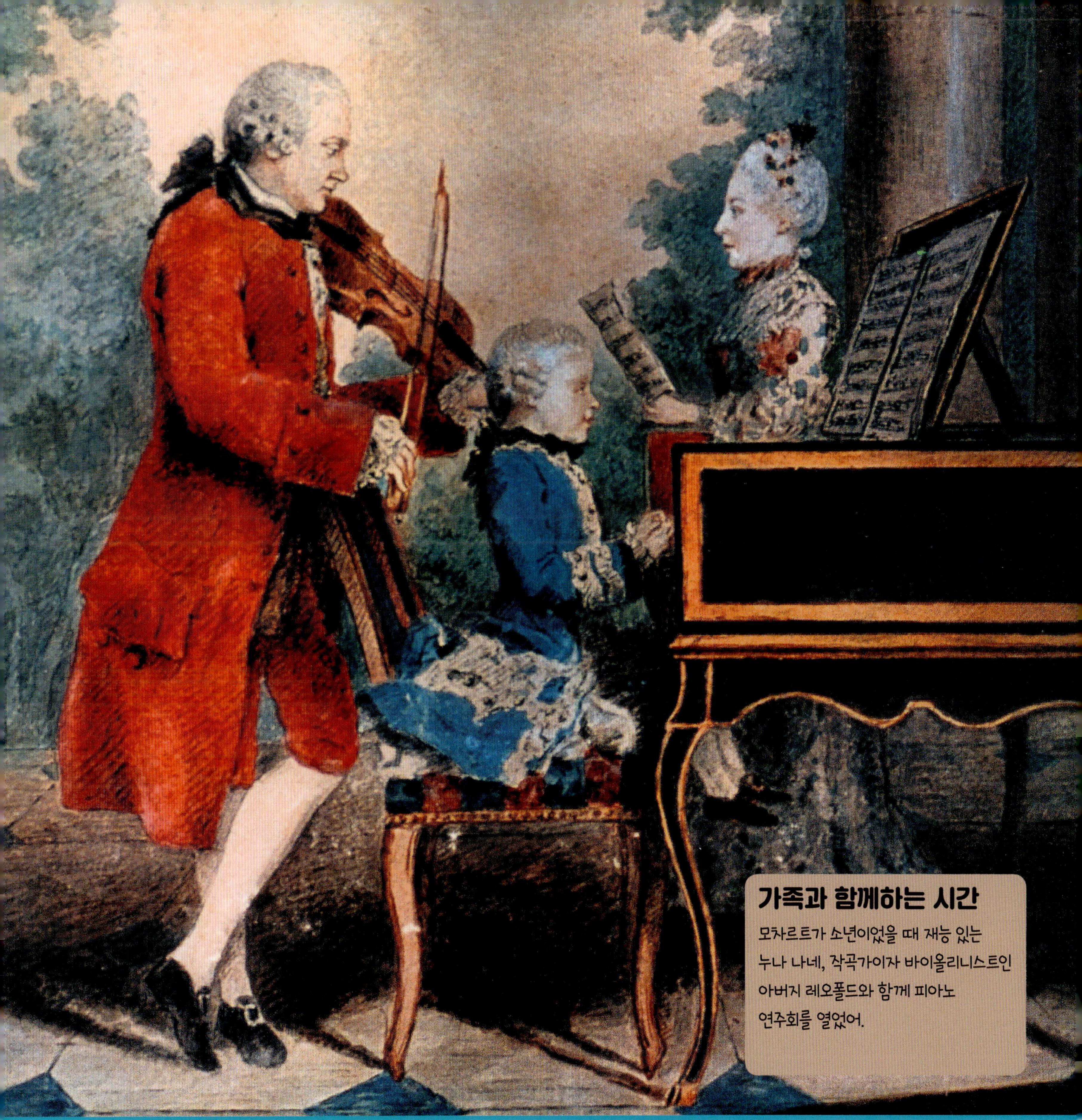

가족과 함께하는 시간

모차르트가 소년이었을 때 재능 있는 누나 나네, 작곡가이자 바이올리니스트인 아버지 레오폴드와 함께 피아노 연주회를 열었어.

1782~1785년
빈에서 열린 연주회에 자신이 작곡한 피아노 협주곡을 연주하다.

LE NOZZE DI FIGARO.
Die Hochzeit des Figaro.

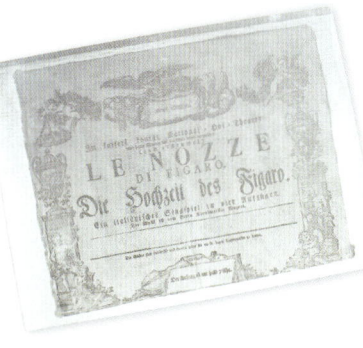

<피가로의 결혼> 공연 프로그램

1786년
<피가로의 결혼>을 처음으로 선보이다.

1789~1790년
경제 사정이 어려워져, 독일에서 콘서트를 많이 열다.

1791년
<마술 피리>를 작곡하다.

1791년 12월 5일
오스트리아 빈에서 알려지지 않은 병으로 죽다.

카하이
하와이에서 배 만드는 법을 배우는 아이

카하이는 1700년대 하와이에 사는 열 살 소년이야. 이 섬들에 곧 영국 탐험가인 제임스 쿡이 찾아올 거야. 카하이는 카누 제조 장인 밑에서 일을 배우고 있어. 돌날 자귀와 같은 전통적인 도구로 나무를 다듬는 기술을 말이지. 섬 사람들은 카누를 타고 섬 사이를 오가기 때문에, 이 배는 무척 중요한 교통수단이야.

하와이 제도

하와이 제도는 태평양 한가운데에 있는 여러 섬들로 이루어져 있어. 카하이는 이곳에서 가장 큰 하와이 섬에 살아. 처음 이곳에 도착한 사람은 아마도 폴리네시아 여러 섬에서 카누를 타고 남쪽으로 왔을 거야. 사람들은 타로와 같은 식물을 가져와 식용으로 재배했어.

— 로노 신은 농사짓기 좋은 땅이 되도록 비를 가져왔다고 해.

— 나무를 통으로 깎아 만든 선체

로노

하와이에서는 농사, 비, 평화의 신을 '로노'라고 불러. 신화에 따르면 로노는 지구가 탄생하기 전부터 존재했는데, 인간으로 다시 모습을 드러냈어. 하와이에 도착한 제임스 쿡을 보고, 그를 인간 모습을 한 로노로 여긴 사람들도 있어.

— 균형을 잡아 주는 장치

카누

크기가 작은 하와이 카누는 나무 하나를 통째로 깎아 만들어. 여기에는 장치가 하나 달려 있는데, 카누가 거친 바다와 바람이 많은 이곳에서 안정된 항해를 할 수 있게 도와 주지.

300~1200년경
폴리네시아에서 온 사람들이 하와이에 정착하기 시작하다.

1778~1779년
제임스 쿡이 하와이를 방문한 최초의 유럽인이 되다.

1780년
하와이 인구가 질병으로 감소하기 시작하다.

1795년
카메하메하 1세가 왕조를 세우고 19세기의 대부분을 통치하다.

1875년
미국과 맺은 조약으로 하와이의 설탕 생산량이 증가하다.

사탕수수

◀ 바다에서 나는 먹을거리

카하이는 종종 그물, 창 또는 덫을 이용하여 낚시를 해. 바다는 하와이 섬 사람들에게 다양한 먹을거리를 주지.

빵나무 열매
코코넛
바나나
고구마
타로

농작물들

하와이인들은 타로, 빵나무 열매, 고구마와 같은 농작물을 키워서, 구워 먹거나 빻아서 반죽을 만들어. 코코넛과 바나나 같은 과일도 재배하지.

'올로나'라는 식물 섬유로 만든 그물

오펠루(고등어)는 약 30센티미터까지 자라.

'말로'라는 샅바는 나무껍질에서 나온 물질로 만들어.

야외 생활

카하이와 가족들은 대부분 집 밖에서 생활해. 잠은 전통 가옥에서 자는데, 지붕은 짚으로 덮고 기둥은 나무막대를 식물로 묶어 만들었어.

1893년
미국의 지원을 받은 세력이 반란을 일으켜 군주제가 무너지다.

하와이 최후의 군주, 릴리우오칼라니 여왕

1898년
하와이가 공식적으로 미국에 병합되다.

1959년
하와이가 미국의 한 주가 되다.

77

교육의 역사
학교는 어떤 모습이었나

인류 역사의 아주 긴 시간 동안 어린이는 거의 학교에 가지 않았어. 학교를 다닌 아이들 대부분은 부모가 부유층인 소년이거나 직업상 읽고 쓰는 일을 해야 하는 어린이들이었지. 선생님들은 대부분 읽기, 쓰기, 수학을 가르쳤어. 19세기에는 여자아이와 가난한 어린이들도 학교에 가는 경우가 늘었고, 배우는 과목도 다양해졌지.

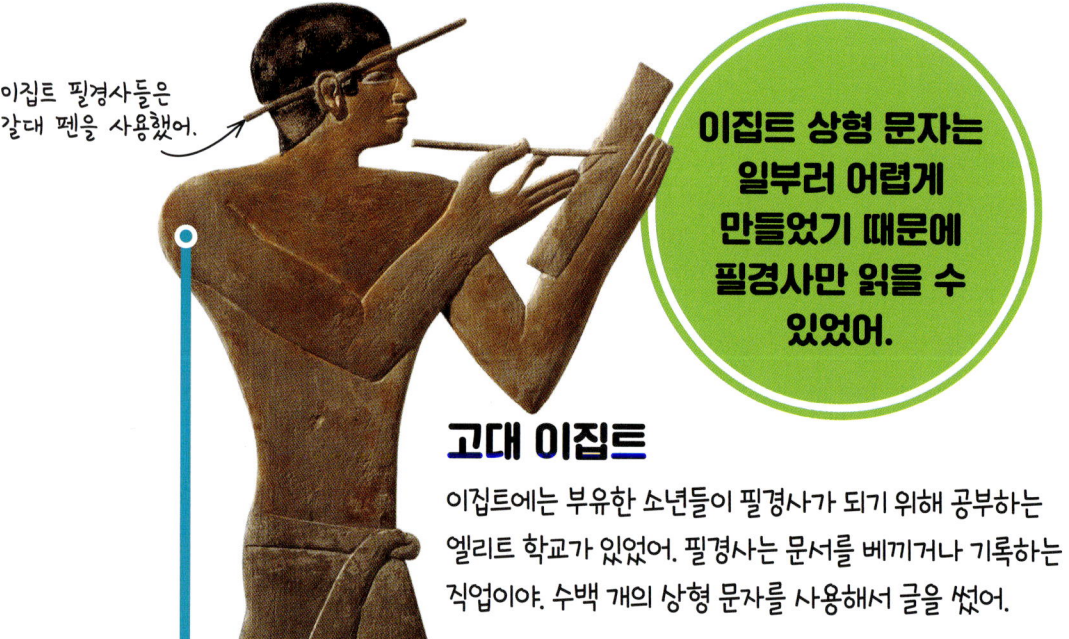

이집트 필경사들은 갈대 펜을 사용했어.

이집트 상형 문자는 일부러 어렵게 만들었기 때문에 필경사만 읽을 수 있었어.

고대 이집트
이집트에는 부유한 소년들이 필경사가 되기 위해 공부하는 엘리트 학교가 있었어. 필경사는 문서를 베끼거나 기록하는 직업이야. 수백 개의 상형 문자를 사용해서 글을 썼어.

점토판에 글쓰기

고대 바빌론
고대 바빌론의 학생들은 나무 의자에 줄지어 앉아 편지와 법률 문서 작성하는 법을 배웠어. 부드러운 점토판에 글을 썼기 때문에 바빌론에서는 학교를 '점토판의 집'이라 불렀어.

《토라》는 오늘날 유대교 예배당에서 볼 수 있는 양피지 두루마리에 쓰였어.

고대 이스라엘
고대 이스라엘에서는 어린이들이 종교 서적, 특히 히브리어 성경인 《토라》와 토라 해설서인 《탈무드》를 읽기 위해 글을 배웠어.

선생님들이 칠판에 수업 내용을 적기 시작했어.

20세기

20세기에는 많은 나라에서 의무 교육을 실시했어. 학생들은 책상에 앉아 선생님의 설명을 들으며 공부를 했지.

중세

중세(400~1400)에는 학교에 다니는 어린이가 거의 없었어. 그나마 학교를 다닌 어린이들은 유럽 곳곳에서 학자와 성직자들이 사용한 라틴어를 배웠지.

현대의 교실

오늘날 교실에서는 첨단 기기인 컴퓨터와 태블릿 피시가 쓰이며 수업을 더욱 흥미진진하게 하지. 세계의 고립된 지역에 살고 있는 어린이들은 교육을 인터넷을 통해 제공받고 있어.

17세기

17세기에는 더 많은 사람들, 특히 도시 사람들이 학교에 갔어. 책이 인쇄되면서 학생들은 종교, 자연사, 지리에 대해 배울 수 있었지.

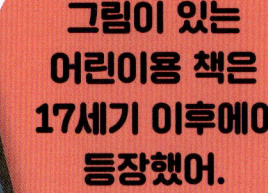

그림이 있는 어린이용 책은 17세기 이후에야 등장했어.

79

미국 혁명

북아메리카 식민지인들의 투쟁

북아메리카에는 영국이 세운 13개 식민지가 있었어. 영국이 무거운 세금을 물리자 북아메리카 식민지인들은 저항했고, 급기야 무력 충돌로 갈등이 깊어지며 독립 전쟁이 벌어졌어. 식민지인들이 승리하면서 미합중국이 탄생했지.

소년들이 식민지 독립군을 위해 싸우다

식민지의 독립 군대는 민병대와 그보다 조직화된 대륙군으로 이루어져 있었어. 열다섯 살 이하의 어린 소년들도 소속되어 있었지. 일곱 살짜리 어린이들이 부대로 소식을 전하거나 북 치는 역할을 맡기도 했어.

렉싱턴 민병대의 지도자 존 파커 대장

보스턴 학살 희생자들 이름의 첫 글자가 새겨진 관

혁명의 불꽃

1770년, 보스턴에 주둔해 있는 영국군과 식민지인들 사이에 충돌이 벌어졌어. 그러자 영국군은 사람들을 총으로 쏴 죽이고 말았어. '보스턴 학살'로 알려진 이 사건으로 시위가 격렬해졌고, 결국 전쟁이 일어났어.

전투 지역

1775년 4월 18일 렉싱턴에서 일어난 첫 번째 전투는 영국이 패했어. 이 전투를 시작으로 싸움은 남쪽으로는 버지니아, 북쪽으로는 뉴햄프셔로 확산되었지.

1770년 3월 5일
영국군이 보스턴에서 시위에 참가한 군중을 죽이다.

1773년 12월 16일
식민지인들이 영국에 항의하는 뜻으로 동인도 회사 배에 실려 있던 차를 바다 속에 던져 넣다.

보스턴 항구에서 아메리카 원주민 복장을 한 식민지인들이 차 상자들을 던져 넣고 있어.

1775년 4월 19일
렉싱턴 전투로 독립 전쟁이 시작되다.

1775년 6월 17일
영국은 벙커힐 전투에서 승리하나 많은 병사를 잃다.

소녀들의 일

남자아이들이 군대에 가 있는 동안 여자아이들은 할 일이 더 많아졌어. 채소를 키우고 양털을 뽑고 천을 짜거나 군인들이 입을 옷을 만들기도 했지. 그 밖에 어머니가 바깥일을 하는 동안 집안일도 해야 했어.

독립 선언문

1776년 식민지 대표들이 그 유명한 독립 선언문을 통해 영국으로부터 독립을 선언했어. 토머스 제퍼슨과 조지 워싱턴 같은 지도자들이 서명을 했지. 여기에는 "모든 인간은 평등하게 태어났다."고 쓰여 있어.

토머스 제퍼슨이 쓴 독립 선언문

성조기의 초기 모습이야. 13개 식민지를 뜻하는 별 13개가 새겨져 있지.

승리로 이끌다

1776년 12월 조지 워싱턴과 그의 군대가 델라웨어 강을 건너 트렌턴에 있는 영국군을 기습 공격했어. 이후에도 계속해서 승전고를 울렸지. 1781년 식민지 독립군은 결국 최종 승리를 거두었어.

1776년 7월 4일
식민지 대표들이 독립 선언문을 발표하다.

1776년 12월 25일
식민지 독립군의 총사령관, 조지 워싱턴이 델라웨어 강을 건너다.

1781년 1월
식민지 독립군이 카우펜스 전투에서 승리함으로써 영국이 남쪽으로 더는 진출할 수 없게 되다.

대륙군이 착용한 모자

1781년 10월 19일
요크타운에서 식민지 독립군이 승리하며 전쟁이 끝나다.

1783년
영국이 파리 조약에 서명하여 식민지 독립을 승인하다.

1780년대부터 다가올 미래

5장

이제 1780년대부터 오늘날까지 이야기야. 이 시기에는 지구상에서 인구가 크게 늘고 산업이 발달했어. 또 전쟁이 수차례 벌어졌으며 노예 제도가 폐지되었지. 많은 아이들이 편안한 삶을 누리고 좋은 교육을 받을 수 있게 되었지만, 여전히 전 세계에는 가난에 허덕이는 사람들이 많아.

장 프랑수아
프랑스 혁명 시기의 어린이

열 살 소년 장 프랑수아는 1790년 파리에서 살고 있어. 재단사인 아버지와 함께 일하지. 프랑스에서는 통치 방식을 바꾸려는 혁명을 시도하고 있어. 왕, 귀족, 교회가 지나치게 많은 권력을 누리고 있다고 생각하니까. 누구나 그렇지만 프랑수아의 가족도 가난하고 배가 고파.

붉은 프리지아 모자는 혁명을 상징해.

혁명 기간에 삼색 프랑스 깃발이 처음 사용되었어.

혁명 시기의 프랑스

혁명은 프랑스 수도 파리 근처에서 시작되었지만, 가난한 시골 농민들도 혁명을 지지했어. 1793년 방데 지역에서 일어난 '3년 전쟁'으로 혁명 찬성파와 반대파로 갈라졌지.

삼색 코케이드는 혁명을 상징하는 배지야.

너무나 다른 왕족의 삶

왕과 왕비는 값비싼 옷과 보석, 하인이 수백 명 있는, 유럽에서 가장 호화로운 베르사유 궁전에 살고 있어. 사람들 대부분이 겪고 있는 가난한 삶과는 너무 거리가 있어.

▶ 변화를 바라다

장 프랑수아와 아버지는 혁명단 '상퀼로트'를 지지해. 혁명가들은 왕이 권력을 내려놓고 새롭고 공정한 법을 만들어 모든 프랑스인이 동등한 권리를 보장 받기를 바라.

왕비 마리 앙투아네트

루이 16세

'상퀼로트'는 '반바지를 입지 않은 사람'을 뜻해. 혁명 지지자들은 귀족들이 입는 꽉 끼는 반바지 대신 헐렁한 바지를 입지.

밑창이 나무로 된 가죽 신

1789년
한 시위대가 파리의 바스티유 감옥을 습격하며 혁명이 시작되다.

1792년 8월 10일
혁명 세력들이 튀일리 궁에 몰려와 왕족을 감금하다.

84

빵

버섯

배고픔에 시달리다

가뭄과 추운 날씨로 농작물이 잘 자라지 않아 식량이 부족해졌어. 농작물 가격이 오르고, 빵 값이 너무 비싸졌지. 오죽하면 지하 창고에 식용 버섯을 키우는 사람들도 있어. 절망에 빠진 사람들은 살기 위해 음식을 훔치기도 하지.

재단사의 공방

장 프랑수아는 큰 재단사 공방에서 기술을 배우고 있어. 옷감에 초크로 표시하는 법, 정확히 옷감을 자르는 법, 그리고 옷을 꿰맬 때 필요한 바느질을 배우고 있지. 재단사들은 보통 일거리가 많은 편이지만, 장 프랑수아와 가족은 먹을 것이 매우 부족해.

재단사의 공방

옷감을 자르는 가위

파리의 바스티유 감옥

혁명이 시작되다

혁명은 파리에서 시민들이 바스티유 감옥을 습격하며 시작되었어. 사람들은 죄수를 풀어 주고, 무기를 빼앗았지. 이후 프랑스 일부 지역으로 혁명이 확산되면서 폭력적으로 바뀌었지. 파리에서는 왕과 왕비를 비롯하여 혁명에 반대하는 수천 명의 사람들이 단두대에서 처형되었어.

1792년 9월 프랑스 시민들이 왕을 몰아내고 공화정을 세우다.

1793년 1월 21일 혁명 시기에 프랑스 왕이었던 루이 16세가 파리에서 처형되다.

처형에 사용된 단두대

1793~1794년 이웃 나라의 공격을 받는 가운데, 혁명으로 세워진 정부에서 수많은 사람들을 처형하다.

1799년 나폴레옹이 쿠데타를 일으키며 권력을 잡다.

1804년 나폴레옹이 프랑스의 황제가 되며 공화정이 막을 내리다.

진짜 삶
마리 앙투아네트
처형된 프랑스 왕비

1755년에 태어난 마리 앙투아네트는 오스트리아 황제 프란시스와 황후 마리아 테레사의 딸이야. 빈 궁전에서 살았지만 부모님을 자주 만나지는 못했어. 아버지는 1765년에 세상을 떠났고 어머니는 바빴기 때문이지. 열네 살에 파리로 가서 미래에 프랑스 왕이 될 루이 왕자의 아내가 되었어. 프랑스인들은 마리 앙투아네트가 사치스럽다며 좋아하지 않았고, 결국 프랑스 혁명 때 처형되고 말아.

음악
18세기에 상류층 소녀들은 파티에 필요한 춤과 연주를 배웠어. 마리 앙투아네트는 춤을 잘 추었고 노래하는 것을 좋아했어. 세 살에 처음으로 여러 사람들이 모인 자리에 나와, 아버지의 생일을 축하하는 노래를 불렀지.

마리 앙투아네트는 어렸을 때 하프와 피아노 연주를 배웠어.

파리에서 보낸 시간
마리 앙투아네트는 고향 빈에서 멀리 떨어진 파리에서 쓸쓸하게 지냈어. 남편에 대해 거의 알지 못했고 프랑스어도 서툴렀지. 왕궁 사람들도 친절하게 대해 주지 않았어.

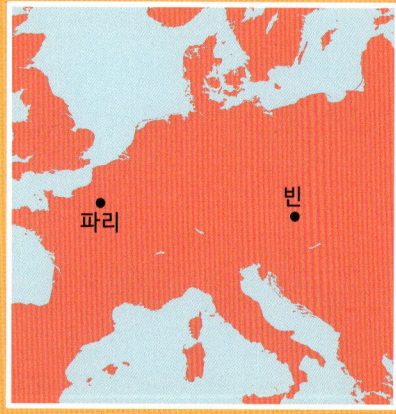

파리 • • 빈

"양심에 거리낄 것이 없다면 누구나 그렇겠지만, 나는 극히 평온하다."
— 마리 앙투아네트의 마지막 편지

처형을 기다리는 마리 앙투아네트

왕이 되기 전, 루이의 초상화

루이 16세
루이가 왕이 되었을 때 프랑스는 혁명을 준비하고 있었어. 프랑스인들은 세금을 너무 많이 내고 왕이 지나치게 많은 권력을 누린다고 생각했지. 그러나 루이 16세의 생각은 달랐어. 왕의 권력은 신이 내린 것이라는 생각에서 벗어나지 못했지.

프랑스 혁명
왕과 귀족의 횡포를 참다못한 프랑스 시민들이 1789년, 혁명을 일으켰어. 왕정을 무너뜨리려는 혁명 세력이 승리를 거두었지. 마리 앙투아네트와 루이는 처형되었어.

1755년
마리 앙투아네트로 알려진 마리아 안토니아가 호프부르크 궁전에서 태어나다.

오스트리아 빈의 호프부르크 궁전

1770년
마리 앙투아네트가 곧 프랑스 왕이 될 루이 오귀스트와 결혼하다.

1774년
루이가 루이 16세로 왕위에 오르고, 마리 앙투아네트는 왕비가 되다.

1778년
왕비의 첫 번째 아이 마리 테레즈 샤를로트가 태어나다.

우아한 초상화

마리 앙투아네트와 결혼하기로 결정되자 왕자 루이는 신부의 모습이 궁금했던 나머지, 빈으로 화가를 보내 그 모습을 그려 오게 했어.

1781년
왕비가 돈을 훔쳐 오스트리아에 있는 가족에게 보냈다는 의심을 받다.

1785년
왕비 이름을 이용해 돈을 가로챈 사기 사건이 벌어지며 왕비의 체면이 구겨지다.

1789년
왕실 가족이 파리에서 감금되다.

1792년
프랑스에서 왕정이 폐지되다.

처형되기 전, 가족과 함께 있는 루이 16세와 마리 앙투아네트

1793년
마리 앙투아네트와 루이 16세가 파리에서 처형되다.

메리
면직 공장에서 일하는 어린이

메리 로버츠는 잉글랜드 맨체스터와 가까운 마을에서 온 열 살 소녀야. 일곱 살 때 부모님이 돌아가시고 고아가 되었지. 이후 면직 공장에 보내졌고, 그곳에서 스물한 살까지 일해야 해. 그 대가로 음식과 머물 곳 그리고 매우 낮은 임금을 받아.

수력으로 기계를 움직이는 공장

이 공장은 물 방적기라는 기계들로 가득해. 물 방적기는 옷감을 짤 수 있도록 면을 실로 바꾸는 기계야. 물살이 빠른 강물이 거대한 수차를 돌려 이 기계들을 움직이지.

1709년 이후
철 생산 기술이 발전하면서 금속이 더 싸지고 풍부해지다.

1712년
토머스 뉴커먼이 증기 엔진을 발명하다.

1775-1779년
새뮤얼 크럼프턴이 물 방적기를 개발하다.

1803년
새뮤얼 호록스가 만든 기계가 실을 뽑아내는 속도를 높이다.

산업 혁명

사람 손으로 하나하나 만들다가, 이제는 기계를 이용해 작업하게 되었어. 이러한 변화는 북유럽에서 빠르게 일어났어. 메리와 같은 수천 명의 사람들이 공장에서 일하고 있지. 이러한 변화를 산업 혁명이라고 해.

▼ 위험한 작업

메리는 면을 낭비하지 않기 위해 바닥에 떨어진 면 조각을 줍는 일을 해. 기계 아래로 기어 들어갈 때 다치지 않도록 조심해야 하지.

우유 / 감자 / 귀리 / 귀리 비스킷

초라한 음식

공장 주인은 메리를 비롯한 어린이들에게 가장 싼 음식만 주고 식사 도구도 제대로 마련해 주지 않아. 메리는 우유를 마시고 주로 감자, 귀리 비스킷 혹은 귀리 가루에 물을 섞어 만든 죽을 먹지.

노동자가 머무는 곳

메리는 공장에서 마련한 숙소에서 살아. 어린이들 90명가량이 무척 좁은 집에서 꽉 들어찬 채로 말이지. 메리처럼 집이 없는 어린이들은 특히나 더 가난한 노동자들이야.

끊어진 실이 없는지 기계를 살피고 있어.
노동자들을 감시하는 사람
공장 주인
손을 다친 어린이를 위로하는 소년
기계 밑에 떨어진 면을 모으는 어린이
청소하고 있는 소년
면 수거용 바구니를 밀고 있어.
실이 감겨 있는 가락들

1807년 이후
벨기에에 많은 공장과 철공소가 세워지다.

1815년
증기 엔진으로 기계를 움직이는 공장이 많아지다.

1815년 이후
독일의 루르 지역에서 많은 광산, 공장, 철공소가 생기다.

산업 운송용 증기 기관차

1825년 이후
철도 같은 교통수단이 발달하며 운송이 빨라지다.

마라티네리

머리 강 하류에 사는 원주민 소년

마라티네리는 19세기 오스트레일리아 남부의 머리 강 하류에 사는 열 살 소년이야. 가족들은 네린예리 부족에 속하는 오스트레일리아 원주민이지. 해마다 마라티네리는 부족과 함께 계절 음식을 얻기 위해 여름 야영지와 겨울 야영지 사이를 왕래해. 마라티네리는 땅에 대해 잘 아는데, 이는 부족에게 종교적으로 매우 중요하기 때문이야.

- 갈대로 만든 완장
- 먹을 수 있는 타로라는 식물이야.
- 골풀로 만든 허리띠로 샅바를 고정해.
- 캥거루 가죽으로 만든 샅바
- 골풀로 만든 바구니에 부들 뿌리들이 담겨 있어.

강가의 삶

머리 강 근처에 원주민 무리가 많이 살고 있어. 마라티네리가 속한 부족은 해안 근처의 강 하류에 살아. 땅이 기름지고 강에 물고기와 조개가 많아서 멀리 이동할 필요가 없어.

◀ 부들 채집하기

마라티네리는 바위틈에서 자라는 갈대처럼 생긴 식물인 부들을 채집해. 바구니, 옷, 어망을 만들 때 아주 쓸모 있지. 부들을 씹은 다음 허벅지에 대고 문질러 노끈을 만들어. 그것으로 여러 가지 물건들을 만들지.

1700년
원주민 수십만 명이 오스트레일리아에서 살다.

1770년
제임스 쿡이 오스트레일리아 동해안에 도착한 뒤 그곳을 영국령이라고 주장하다.

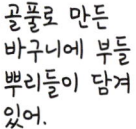
제임스 쿡

1789년
뉴사우스웨일스의 원주민이 처음으로 천연두에 걸리다.

사냥

마라티네리의 아버지와 형은 강에서 물고기를 잡고, 들새와 캥거루 같은 동물들을 사냥해. 돌촉이 뾰족한 창으로 동물을 죽이거나 나무 사이 또는 개울가에 그물을 쳐서 동물을 잡지.

머리 강

강 하류는 넓고 물고기가 많아. 봄에 강이 범람하면 주변 늪지대와 '빌라봉'이라는 호수들을 가득 채우지. 홍수가 나면 마라티네리와 가족은 늪지대에 있는 섬으로 이동해.

식량 구하기

마라티네리의 어머니와 누이들은 강에서 가재를 잡고 물속으로 뛰어들어 홍합을 건져 올려. 딸기를 따고 애벌레를 잡기도 하지. 채취하는 것 중에는 가족들이 먹는 부들 뿌리도 있어.

가재

꿀벌레큰나방의 애벌레 　 몬레리 딸기

홍합

믿을 만한 친구

오스트레일리아의 야생 개 '딩고'는 마라티네리와 그곳 사람들에게 소중한 동반자야. 개들은 사람들을 따라다니며 사냥을 하고, 낯선 사람이나 포식자로부터 지켜 줘. 밤이 되면 사람들을 따뜻하게 해 주기 위해 옆에서 잠을 자기도 해.

1795년
영국인과 자기 터전을 지키려는 원주민 사이에 처음으로 전투가 벌어지다.

무기로 사용하는 부메랑

1810년
유럽인들이 원주민에게 유럽의 신앙을 배우게 하다.

1905년
원주민 부모로부터 아이들을 강제로 떼어 놓는 원주민 개화 정책이 시행되다.

1920년대
원주민 인구가 9만 명 이하로 줄어들다. 많은 원주민들이 고향과 멀리 떨어진 곳에서 살다.

91

나이라
갓 독립한 볼리비아에 사는 소녀

나이라는 1830년 볼리비아의 높은 산지인 알티플라노 지역에 사는 열 살 소녀야. 볼리비아는 수백 년 동안 스페인의 지배를 받다가 막 독립했어. 나이라는 작은 마을에 살아. 가족은 감자를 재배하고 털이 많은 알파카와 라마 떼를 돌보지. 여름에는 동물들을 낮은 산비탈에 있는 무성한 풀밭으로 데려가고, 겨울에는 다시 마을로 데리고 와.

알파카 털

나이라와 어머니는 알파카 털로 실을 뽑아. 마을 여성들은 이 실을 밝은 색으로 물들여 천을 짜지. 나이라의 옷은 모두 손으로 짠 천으로 만든 거야.

다채로운 무늬의 양털 모자

새끼 알파카는 크면 사람들에게 털과 젖을 제공해 주지.

네모난 옷감 '아구아요'. 짐을 나를 때 매듭을 지어 사용해.

눈 덮인 산꼭대기로 이어지는 평원

알파카를 끌고 가는 소년

알파카 떼

1530년대
스페인 탐험가, 프란시스코 피사로가 볼리비아와 이웃 나라들을 정복하다.

피사로의 조각상

1824년
스페인 군대가 패하고 남아메리카가 독립하다.

1825년
새로운 나라의 대통령인 볼리바르의 이름을 따서 나라 이름을 볼리비아로 정하다.

새로운 국경

스페인 통치자들은 나이라의 고국을 '상 페루'라고 불렀어. 새로 독립한 볼리비아는 오늘날 동쪽으로는 브라질, 서쪽으로는 칠레와 국경을 마주하고 있어.

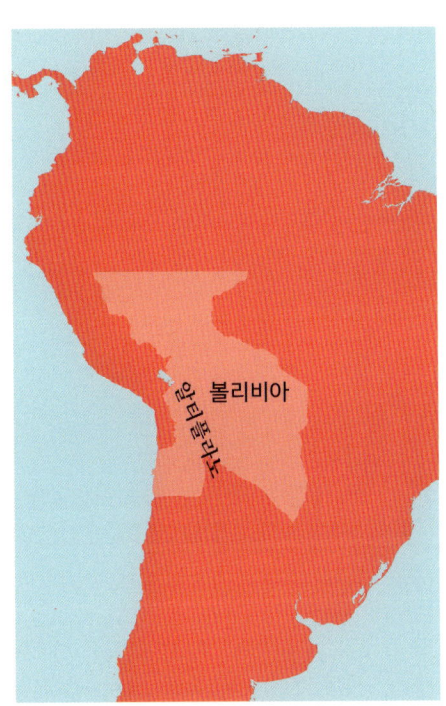

시몬 볼리바르

볼리바르는 스페인 지배에 맞서 남아메리카의 독립을 이끈 정치, 군사 지도자로, 많은 사람들 사이에서 영웅이 되었어. 나이라가 사는 지역 사람들은 볼리바르의 이름을 따서 새로운 나라 이름을 부르기로 결정했지.

관에 바람을 불어 넣으면 저마다 다른 음을 내는 '시쿠'라는 악기야.

악기 연주

나이라는 관악기인 '시쿠' 연주를 좋아해. 나이라와 숙모들은 산 아래에서 여름을 나는 동안 마을 여성들과 시쿠를 연주하지.

▼ 산 속 마을

나이라 가족은 초가로 지붕을 이은 작은 진흙 벽돌집에서 살아. 산은 꽤 춥기 때문에 나이라는 두꺼운 모직 옷을 입고 속치마를 여러 벌 껴입지.

- 바구니에 감자를 분류해 담는 남성
- 감자를 수확하는 여성
- 지붕을 고치는 남성
- 아구아요에 아기를 업고 있는 여성
- 지붕을 초가로 이은 진흙 벽돌집
- 베틀로 천을 짜고 있어.
- 바닥에 깔려 있는 곡물

1840년 남아메리카에서 볼리비아의 영향력이 줄다.

1879~1883년 볼리비아가 태평양 전쟁의 결과로 칠레에게 영토 일부를 빼앗기다.

1890년경 광부들의 임금은 적지만 광산에서 캐낸 주석으로 나라가 부유해지다.

광산에서 캐낸 주석

1920년 투표권이 없는 볼리비아 원주민들이 반란을 일으키다.

1952년 볼리비아 혁명으로 모든 성인이 투표권을 갖게 되다.

페드로 2세

사랑받은 브라질 황제

페드로 2세는 19세기에 많은 사랑을 받은 브라질의 통치자였어. 페드로가 여섯 살 때 아버지인 페드로 1세는 황제 자리를 포기하고 포르투갈로 갔어. 포르투갈에서 딸이 왕위를 지키도록 도왔지. 브라질에 홀로 남은 페드로 2세는 열다섯 살에 즉위해 황제로서 의무를 다했고 50년 가까이 브라질을 다스렸어. 국가를 안정시키고, 남아메리카에서 브라질의 힘을 키우고, 교육, 예술, 과학을 장려하여 높은 인기를 끌었지.

아버지의 재혼

페드로는 어머니가 죽자 혼자가 되었어. 얼마 뒤, 아버지는 페드로가 좋아한 로이히텐베르크의 아멜리아 공주와 재혼했지. 두 사람은 5년 뒤 브라질을 떠났어. 페드로가 황제가 되어 나라를 통치하도록 남겨 두고서 말이야.

궁중 생활

페드로는 어렸을 때 황궁을 떠나본 적이 거의 없어. 대부분의 시간을 공부하며 보냈지. 누이들과 잘 지냈지만, 함께 할 수 있는 시간은 많지 않았어.

19세기의 카메라

브라질을 이끌다

페드로가 어린 자신을 대신해 나라를 다스리던 신하들에게 권력을 넘겨받았어. 페드로가 브라질을 직접 통치하기 시작하자, 사람들은 그를 권위 있는 인물이라며 환영했어. 그는 정치인들과 협력했고, 전국을 편리하게 이동할 수 있도록 철도를 놓는 등 교통을 발전시켰어.

> "나는 다른 브라질 시민과 동등하다."
> 페드로 2세, 1862년

브라질
리우데자네이루

배움에 대한 열정

페드로는 의학과 과학에서 철학과 법학까지 다양한 주제의 책을 읽었어. 열두 개의 언어를 할 수 있었으며, 예술과 교육을 장려했지. 새로운 사상과 기술에 항상 관심이 많았던 페드로는 브라질에서 최초로 카메라를 가진 사람이었어.

1825년 페드로가 브라질 리우데자네이루에서 태어나다.

1826년 페드로의 어머니가 죽다. 아버지 페드로 1세가 1829년 재혼하다.

1831년 페드로 1세가 황위를 내려놓다. 페드로 2세가 열 살이 될 때까지 신하들이 브라질을 통치하다.

1841년 페드로가 황위에 올라 나라를 직접 통치하다.

1843년 페드로가 이탈리아 공주 테레사 크리스티나와 결혼하다.

리우데자네이루에 있는 페드로 2세의 반신상

젊은 황제

젊은 페드로는 수줍음이 많고 자신감이 부족했지만 백성들로부터 사랑받는 성공한 통치자가 되었어.

1852년
브라질과 그 동맹국들이 플라틴 전투에서 아르헨티나에 승리하다.

1867년
페드로가 노예 제도를 폐지하자는 연설을 하다.

정부를 향해 연설하는 페드로 2세

1888년
브라질에서 노예 제도가 마침내 폐지되다.

1889년
군사 반란으로 페드로가 황제의 자리에서 내려오다.

1891년
페드로가 프랑스 파리에서 죽다.

마사

거친 서부를 여행하는 소녀

10살 소녀 마사 그랜트는 미국 미주리의 작은 마을에서 태어났어. 1845년에 부모님은 다른 가족들과 함께 농사 지을 새로운 땅을 찾아 서쪽 지역으로 이주하기로 했지. 가는 길은 참으로 험난해. 마차는 짐으로 가득 차 있어서 하루 종일 낯선 길을 걸어야 해. 마사가 다닐 학교는 없고, 집안일을 거들어야 하지.

오리건 가도

'거친 서부'를 통과하는 길을 '오리건 가도'라고 불러. 지금의 미주리, 캔자스, 네브래스카, 와이오밍, 아이다호, 오리건 주를 지나지. 전체 거리가 3492킬로미터인 산길로, 가는 데 6개월 정도가 걸려.

원주민들과 거래하기

마사 가족은 이동 중에 아메리카 원주민을 만나곤 해. 대부분 서로 친절하게 대하지. 원주민들과 거래한 덕분에 마사는 버팔로 가죽으로 만든 모카신 한 쌍이 생겼어.

버팔로 가죽으로 만든 모카신

▼ 야영

가족들은 와이오밍의 작은 호수 근처에서 밤을 보내기 위해 천막을 치고 밥을 해. 앞쪽으로 로키 산맥이 보이는데, 내일부터는 더 가파르고 어려운 여정이 될 거야.

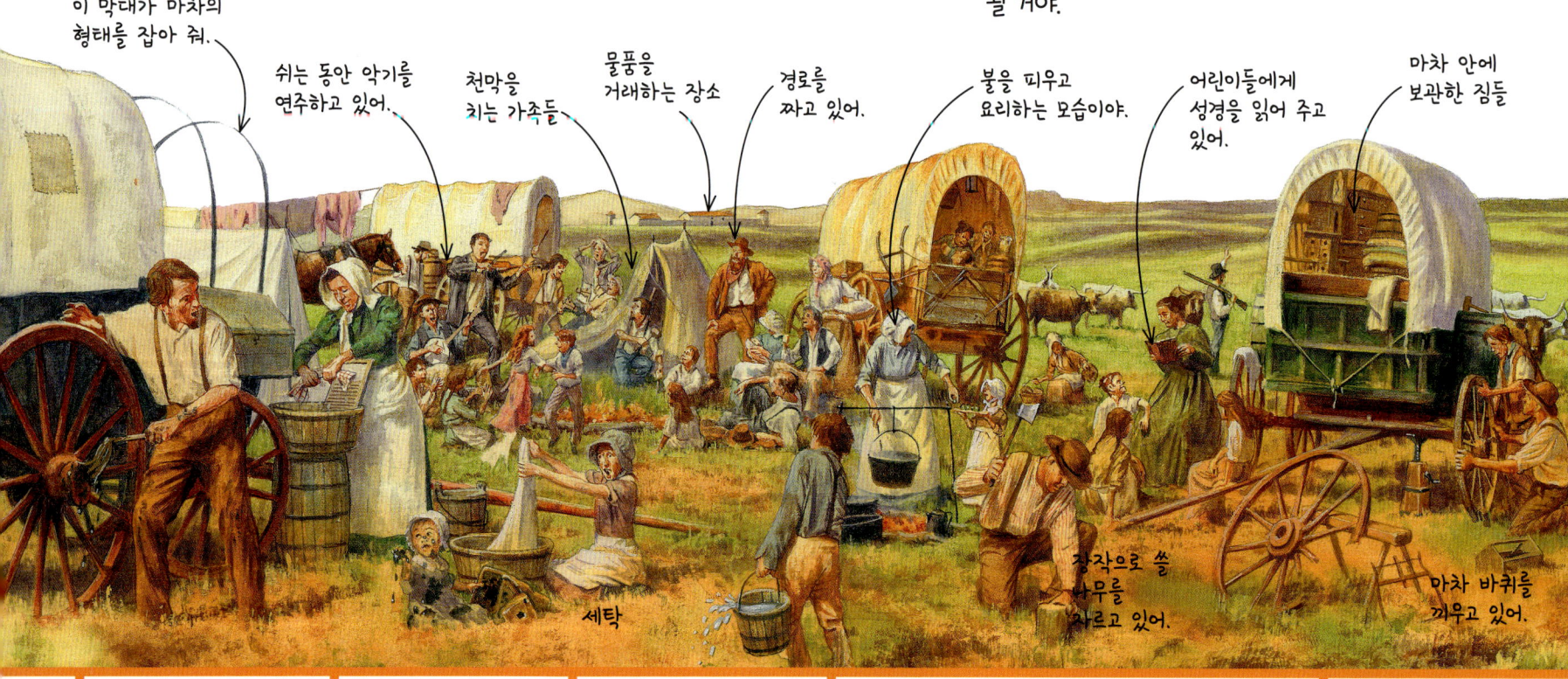

- 이 막대가 마차의 형태를 잡아 줘.
- 쉬는 동안 악기를 연주하고 있어.
- 천막을 치는 가족들
- 물품을 거래하는 장소
- 경로를 짜고 있어.
- 불을 피우고 요리하는 모습이야.
- 어린이들에게 성경을 읽어 주고 있어.
- 마차 안에 보관한 짐들
- 세탁
- 장작으로 쓸 나무를 자르고 있어.
- 마차 바퀴를 끼우고 있어.

1811년 모피 상인들이 오리건 최초의 백인 정착촌 포트 아스토리아를 발견하다.

1843년 서부로 대이동을 시작한 마차들이 오리건 가도 서쪽에 도착하다.

1845년 바로우 로드가 만들어져 서쪽 지역으로 이동이 편해지다.

1848년 캘리포니아 콜로마 주변에서 금이 발견되어 사람들이 서부로 향하다.

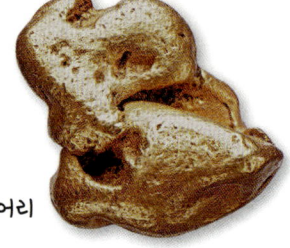

금덩어리

1862년 무료로 농사지을 땅을 주는 홈스테드 법이 만들어져 그레이트플레인스에 자유롭게 정착할 수 있게 되다.

탈것의 역사
교통수단은 어떻게 변했을까

사람들이 이동하는 방식은 수 세기 동안 많은 변화를 겪었어. 하나의 발명품이 전 세계에 퍼지려면 오랜 시간이 걸려. 자동차와 항공기 같은 교통수단은 부자들을 위한 사치품에 불과했어. 더 멀리 보급되어 수백만 명의 삶을 변화시키기 전까지는 말이야.

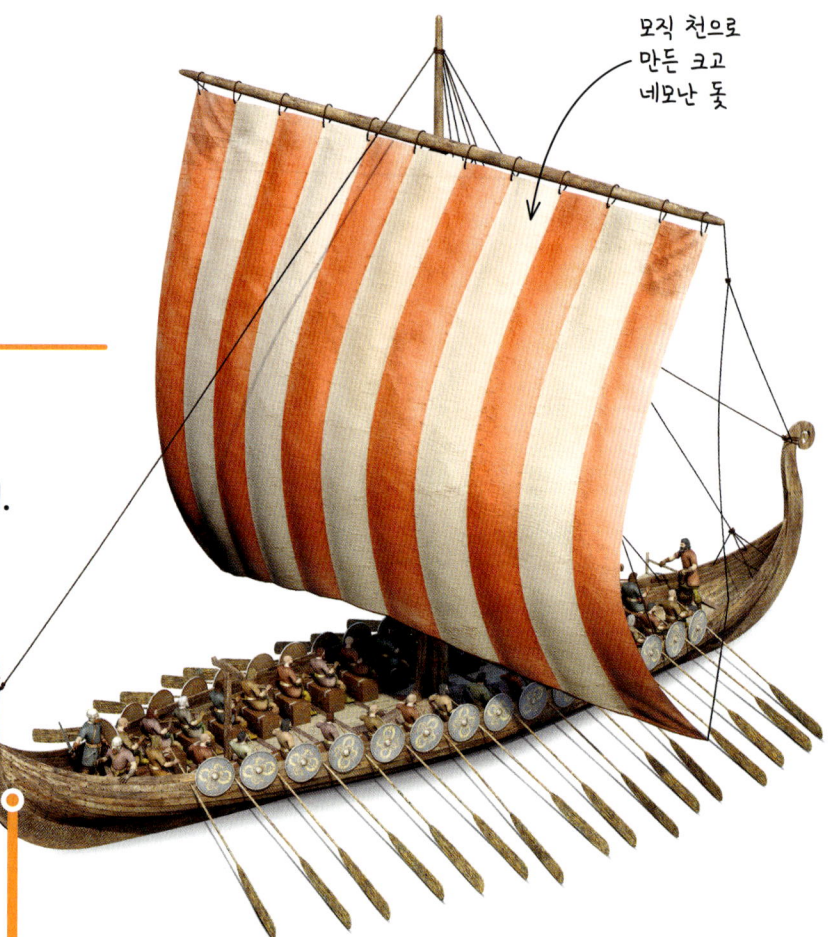

모직 천으로 만든 크고 네모난 돛

석기 시대
기원전 4800년경 석기 시대가 끝나 갈 무렵, 중앙아시아 사람들이 말을 타는 용도로 기르기 시작했어. 처음 길들인 말은 몽골의 야생마 프로제발스키와 생김새가 비슷했을 거야.

바이킹
석기 시대부터 바이킹 시대 그리고 그 이후까지, 강을 따라 여행하거나 바다를 건널 때는 나무로 만든 배가 널리 사용되었어. 그리스인, 로마인, 바이킹족은 돛과 노를 모두 갖춘 배를 사용했지. 바이킹 배는 빨랐고, 해안 지역을 기습 공격하기에도 좋았어.

> 수레는 물건을 싣는 데 사용되었고 사람들은 걷거나 말을 탔어.

중세
중세(400~1400)에는 농부와 상인이 말이나 황소가 끄는 수레에 건초 같은 농산물을 실어 보냈어. 도로가 거칠고 울퉁불퉁해서 바퀴를 자주 수리해야 했지.

19세기

19세기 초에 증기 기관차가 등장했어. 조지 스티븐슨이 만든 '로켓'이라는 기관차는 겨우 시속 45킬로미터로 천천히 달릴 수 있었지만, 곧이어 더 빠른 기관차가 나타나 먼 거리를 이동할 수 있게 되었어.

현대의 교통수단

기후 변화로 환경을 오염시키지 않는 교통수단을 개발하는 것이 중요해졌어. 전기 자동차는 석유 없이 배터리를 충전해서 쓰지. 풍력이나 태양열로 전기를 생산하는 재생 에너지가 석유 연료를 대체할 수 있어.

> 코멧은 터보제트 엔진을 단 최초의 여객기야.

20세기 초

1880년대에 자동차가 만들어지기 시작했지만, 최초로 대량 생산한 자동차는 '포드 모델 T'였어. 1908년에 출시되었는데, 값싸고 튼튼하며 수리가 쉬웠어. 약 1,400만 대가 팔렸지.

20세기 후반

처음으로 소형 비행기가 이륙한 1900년대 초만 해도, 1950년대에 '드 하빌랜드 코멧'과 같은 제트 여객기가 등장할 거라고는 누구도 예상하지 못했어. 80명을 태우고 최고 시속 840킬로미터로 비행했고, 누구든 해외여행을 할 수 있는 길을 열어 주었지.

시머스
아일랜드에서 온 뉴욕 이민자

시머스는 아일랜드 리머릭의 작은 마을에서 태어났어. 1845년 아일랜드인이 주식으로 먹던 감자에 병이 들어 많은 사람들이 굶어 죽었어. 시머스와 가족은 대기근을 피해 뉴욕으로 가는 이민길에 올랐어. 대서양을 건너는 위험한 여행이지.

아일랜드 음악

아일랜드 이민자들이 뉴욕으로 이주하면서 아일랜드 문화도 함께 왔어. 새로운 곳에서 아일랜드에서 가져온 악기로 전통 음악을 연주했지.

바이올린

보드란 (아일랜드 북)

▼ 뉴욕

항구에 도착하는 순간, 충격의 연속이야. 사람이 엄청나게 많고 무척 더럽거든. 시머스와 가족은 아일랜드인 거주 구역으로 가서 곰팡내 나는 지하실의 작은 공간을 비싼 값에 빌렸어.

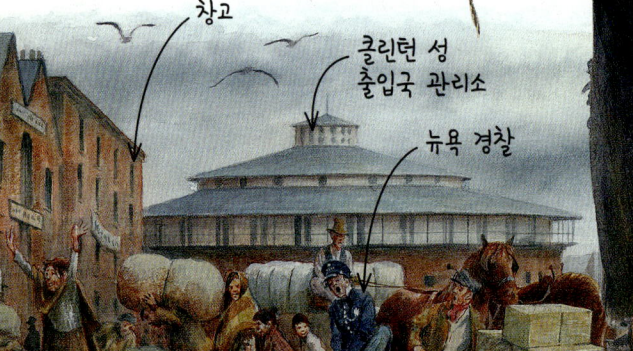

상자를 운반하는 마차
창고
클린턴 성 출입국 관리소
뉴욕 경찰
다시 만난 가족
짐을 옮기는 가족
수레를 끄는 남성

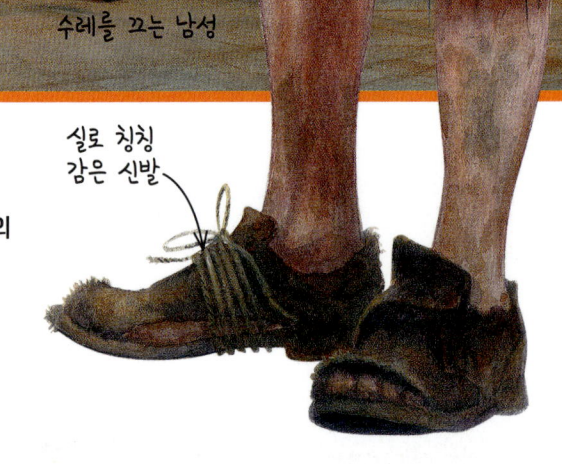

플랫 캡 (낮고 평평하며 테가 없는 모자)
찢어지고 꼬질꼬질한 옷
짐 꾸러미
실로 칭칭 감은 신발

1845년
아일랜드 감자 기근 동안 농부들이 작물을 재배하기 위해 노력하다. 그럼에도 많은 사람들이 굶주리다.

감자

1847년
수만 명의 이민자들이 아일랜드를 떠나 뉴욕에 도착하다.

1860년
아일랜드 출신이 뉴욕 인구의 4분의 1을 차지하다.

선로 작업

시무스와 아버지는 매일 열심히 일했어. 미국 땅에 증기 기관차가 다닐 철로를 놓았지. 어머니는 도시에서 가정부로 일했어.

위험한 여행

아일랜드에서 대서양을 건너 미국으로 가는 여정은 무척 위험했어. 사람들이 탄 배는 낡고 오래되어 안전하지 않고, 생활 환경도 무척 열악했기 때문이야.

긴 항해에 필요한 바람을 받기 위해 넓은 돛을 높이 달았어.

배들이 끊임없이 선착장에 도착하고 있어.

돛대에 기어오르는 선원

부두 노동자들

무거운 트렁크 옮기기

긴 여행 끝에 찾아온 피로

막 도착한 사람들

1861~1865년

수많은 아일랜드 이민자들이 남북 전쟁에서 싸우다.

1892년

엘리스 섬이 이민자들을 검문하는 중심지가 되다.

엘리스 섬의 이민국

1961년

아일랜드 이민자의 후손인 존 F. 케네디가 미국 대통령이 되다.

존 F. 케네디 대통령

남북 전쟁

북부와 남부가 나뉘다

미국 남부와 북부는 노예 제도와 국가의 통일에 대한 의견이 달랐어. 서로 팽팽히 맞서다 1861년 북군(미국 북부 주들의 연합)과 남군(미국 남부 주들의 연합) 사이에 전쟁이 일어났어. 1865년 북부가 승리할 때까지 많은 사람들이 죽었어.

전쟁이 시작되다

1861년 4월 12일 남군이 사우스캐롤라이나 주에 있는 섬터 요새로 대포를 발사하면서 남북 전쟁이 시작되었어. 북군은 반격을 가했지만 요새를 떠나야 했지.

노예 해방에 힘쓴 흑인

수지 킹 테일러는 1848년 노예로 태어났어. 일곱 살 때 할머니와 함께 살면서 학교에 몰래 다녔어. 열네 살이 되던 1862년에 삼촌 가족과 함께 북군이 점령한 땅으로 도망쳤지. 흑인 교육에 힘쓰며 어린이와 어른 모두가 다닐 학교를 세우기 위해 책을 기증받았어.

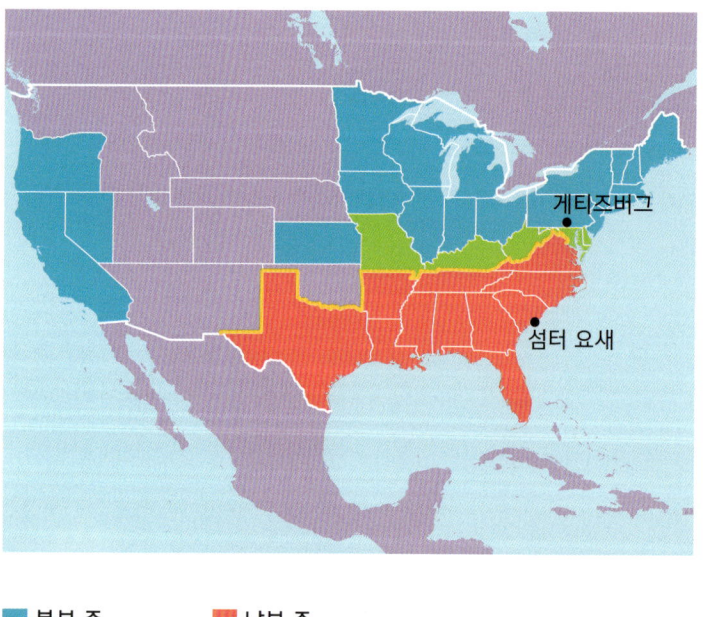

남과 북이 팽팽히 맞서다

미국 남부 사람들은 주로 농장을 운영했어. 그래서 많은 노예들이 물건 취급을 받으며 농장에서 일했어. 반면 북부는 주로 공산품을 만들기 때문에 노예가 거의 없었지. 남북 전쟁 당시 대부분 두 지역의 경계를 따라 전투가 벌어졌어.

- 북부 주
- 남부 주
- 경계 주
- 북부와 남부의 경계

1860년 11월
에이브러햄 링컨이 미국 대통령으로 선출되다.

1861년 2월
미국 남부 주들이 연합하여 11월에 대통령으로 제퍼슨 데이비드를 선출하다.

1861년 4월 12일
섬터 요새에서 공격이 시작되다.

1861년 7월 21일
남북 전쟁 최초의 대규모 전투인 1차 불런 전투가 일어나다.

북부 병사의 모자

소년병

병사가 될 수 있는 가장 어린 나이는 공식적으로는 18세였지만, 그보다 더 어린 소년들이 연락병으로 참전했어. 많은 소년들이 전쟁터에서 죽고 다쳤지.

북은 전쟁터에서 부대에 명령을 전달하기 위해 사용되었어.

에이브러햄 링컨

1861년 3월 링컨은 미국 대통령이 되었어. 노예 제도를 강력히 반대했기 때문에 남부 주에서는 인기가 없었지.

펜실베이니아 주 게티즈버그에 링컨 기념관이 있어.

전쟁이 끝나다

1865년 전쟁이 끝난 뒤, 노예 제도가 폐지되었어. 모든 어린이가 교육 받을 권리를 얻었지. 비록 흑인 어린이와 백인 어린이를 위한 학교가 따로 있었지만 말이야.

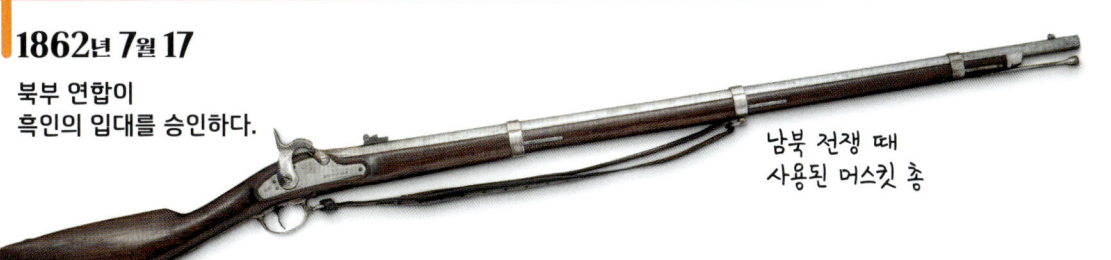

1862년 7월 17
북부 연합이 흑인의 입대를 승인하다.

남북 전쟁 때 사용된 머스킷 총

1863년 7월 1~3일
게티즈버그 전투에서 북부가 승리하지만, 양측 모두 기운이 빠지다.

1865년 4월 9일
남부가 항복하면서 전쟁이 끝나다.

103

진짜삶 아나스타샤
혁명기의 러시아 공주

아나스타샤(1901~1918)는 러시아의 마지막 차르인 니콜라이 2세의 막내딸이야. 차르는 러시아 황제를 일컫는 말이지. 부유한 환경 속에서 특권을 누리며 자랐어. 가장 아름다운 옷을 입었고, 발레 공연장과 극장에 자주 갔지. 그러나 1917년 러시아에서 일어난 혁명으로 삶은 완전히 뒤바뀌었어. 혁명 세력이 아나스타샤의 가족을 감옥에 가둔 뒤 모두 죽였지.

"매일 비가 온다. 그래도 우리는 발코니에서 아침을 먹고 차를 마신다."
1916년 5월 27일 아나스타샤의 일기

황실 가족

아나스타샤에게는 언니 셋과 남동생 하나가 있었어. 하인이 많았지만 형제들은 딱딱한 침대에서 잠을 잤고 자기 방은 스스로 정리해야 했어.

마리아, 알렉산드라, 아나스타샤, 타티아나, 알렉세이, 올가, 니콜라이 2세

부자와 가난한 자

러시아는 빈부 격차가 무척 컸어. 왕과 귀족 그리고 부자들은 온갖 사치품을 누린 반면, 사람들 대부분은 끼니도 잇기 어려웠지. 사람들은 변화를 바라며 궁전 앞에서 평화 시위를 벌이다 총에 맞아 쓰러졌어.

러시아, 상트페테르부르크

황제와 궁전

차르들은 거대한 제국에 많은 궁전을 세웠지만, 니콜라이와 아이들이 좋아한 것은 알렉산드라 궁전이었어. 수도였던 상트페테르부르크 근처에 세워져 있었지.

러시아 혁명

차르가 러시아 제국을 통치하는 것에 반대한 사람들은 그를 몰아내고, 가난한 사람들의 삶을 개선시키고 싶었어. 1917년 혁명을 일으켜 황실 가족을 쫓아 버리고, 귀족과 혁명에 반대하는 사람들까지 죽였지.

1894년
니콜라이 2세가 러시아의 차르가 되다.

1901년 6월 18일
아나스타샤가 상트페테르부르크 근처에서 태어나다.

1917년 2월
황제와 가족들이 알렉산드라 궁전에 갇히다.

1917년 3월 15일
니콜라이 2세가 차르의 자리를 내놓다.

1917년 8월
혁명 세력이 황실 가족을 지지자들과 떼어 놓기 위해 시베리아로 이송하다.

즉위식 당시의 니콜라이 2세

곤경에 처한 공주

혁명이 일어나는 동안 아나스타샤와 가족들은 감옥에 갇혔어. 옷 속에 보석과 돈을 숨긴 채 구조되기를 바랐지만 1918년 7월에 살해되고 말아.

1918년 4월
황실 가족이 우랄 산맥 서쪽의 예카테린부르크로 이송되다.

1918년 7월 17일
아나스타샤와 가족들이 예카테린부르크에서 혁명 세력에게 비밀리에 살해되다.

1920년대
한 사기꾼이 자신이 아나스타샤라고 주장하다.

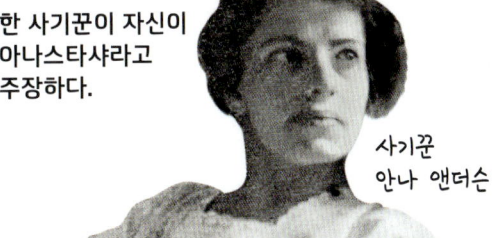
사기꾼 안나 앤더슨

1922년
혁명으로 러시아 제국이 무너지고 소비에트 사회주의 연방 공화국(소련)이 세워지다.

2009년
DNA 검사 결과, 아나스타샤와 가족이 1918년에 살해된 것으로 밝혀지다.

105

제1차 세계 대전
전 세계를 강타한 전쟁이 가족의 삶을 바꾸다

1914년~1918에 벌어진 세계 대전에 군인 6,500만 명을 비롯해, 30개국이 참전했어. 전쟁에 참가한 나라에서 아버지와 남자 형제는 전쟁터에 나갔고, 어머니도 일을 나가야 했어. 전쟁으로 가정은 파괴되었지. 약 1,600만 명이 죽고 여러 제국이 붕괴하는 등 세계 국경에 큰 변화가 생겼어.

참전을 요구하다

국가 지도자들은 다양한 캠페인을 벌였어. 남성에게는 입대하라고, 여성에게는 농사를 짓고 무기를 만들라고 부추겼지.

여성들을 독려하는 캠페인 포스터

자신이 먹을 것은 직접 재배하라고 선전하는 포스터

전투 속으로

유럽에서 많은 전투가 땅속 깊은 구덩이, 참호에서 벌어졌어. 군인들은 더럽고 때로는 물이 넘치는 참호에서 생활하며 싸워야 했지. 많은 아이들이 전투에서 아버지를 잃었어.

■ 중립국 ■ 동맹국 ■ 연합국

전쟁 중인 세계

오스트리아-헝가리 제국이 세르비아를 침공하자, 세계 많은 나라들이 두 편으로 갈라졌어. 독일, 오스트리아-헝가리 제국, 오스만 제국을 포함한 동맹국과 프랑스, 러시아, 영국을 포함한 연합국으로 말이야. 어느 편에도 서지 않고 중립을 지킨 나라들도 있었어.

1914년 6월 28일
오스트리아 황태자가 세르비아 청년에게 살해되다. 그러자 그해 7월 오스트리아-헝가리 제국이 세르비아에 선전포고를 하다.

1914년 8월
독일군이 벨기에를 통과해 프랑스를 침공하다.

전쟁에 쓰인 독일 대포

1915년 4월 25일
연합군이 오스만 제국 갈리폴리 반도에 상륙하다.

어린이들이 일하러 가다

많은 어른들이 전쟁터에서 또는 스페인 독감과 같은 여러 이유로 죽어 갔어. 수십만 명의 어린이들이 열두 살 또는 더 어린 나이에 학교를 관두고 공장과 농장에서 일해야 했지.

미국이 참전하다

1918년 여름, 미국이 연합국 편에서 파병했어. 연합국은 희망을 갖게 되었고, 11월에 승리를 거두게 되지.

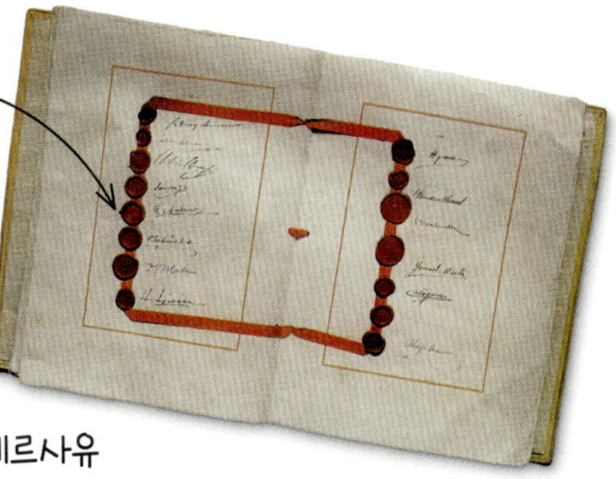

마침내 평화가 찾아오다

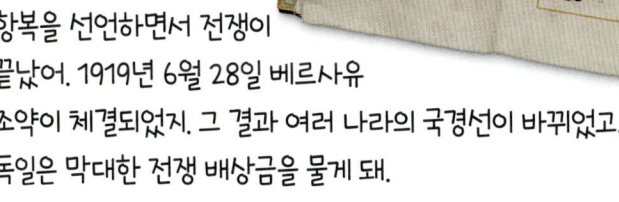

← 베르사유 조약의 서명들

1918년 11월 동맹국이 항복을 선언하면서 전쟁이 끝났어. 1919년 6월 28일 베르사유 조약이 체결되었지. 그 결과 여러 나라의 국경선이 바뀌었고, 독일은 막대한 전쟁 배상금을 물게 돼.

전쟁터를 누빈 앰뷸런스

1916년 7월 1일
프랑스 북부 솜 강 유역에서 전투가 벌어져 100만 명 이상 죽거나 다치다.

1917년 4월 6일
미국이 독일에 선전포고하다.

1918년 11월 11일
양측이 휴전하기로 합의하다.

107

히렌
간디의 소금 행진을 목격한 어린이

히렌은 1930년 인도에서 자란 열 살 소년이야. 학교에 가는 걸 좋아해. 좋아하는 과목은 수학이지. 아버지는 목화를 키워. 마을 사람들 대부분이 그렇듯 영국으로부터 독립하기 위한 운동에 참여하지. 어머니는 '차르카'라 불리는 물레를 이용해 집에서 면으로 천을 짬으로써 독립운동을 지지하지. 그러면 영국 기계로 만든 옷을 사 입을 필요가 없으니까.

식사

히렌과 가족들은 고기를 먹지 않아. 평소 식사를 할 때 팥수수 또는 바즈라(곡물의 일종), 로틀로(효모를 사용하지 않은 빵) 그리고 절인 망고와 함께 포파덤(크래커)을 먹지.

팥수수 포파덤 바즈라 로틀로

간디

모한다스 K. 간디는 독립운동사에서 가장 중요한 지도자 중 한 사람이야. 결코 시위 중에 폭력을 사용하는 법이 없지. 사람들은 간디를 깊이 존경해서 '바푸'라고 불러. 이 지역 언어인 구자라트어로 '아버지'란 뜻이야.

▼ 소금 행진

영국은 소금 생산을 금지하고, 소금에 가난한 사람들이 감당할 수 없을 만큼 많은 세금을 매겨. 간디는 사바르마티에서 단디라는 해안가 마을까지 386킬로미터의 행진을 이끌고 있어. 바닷물에서 자유롭게 소금을 생산하기 위해서 말이야.

마을 지도자 · 소금 행진 참가자들 · 목화를 재배하고 있어. · 간디 · 마을을 통과하는 행진에 가세한 사람들 · 장작을 나르고 있어.

1857년 영국의 동인도 회사에 고용된 인도인 용병, 즉 세포이들이 영국에 저항한 '세포이 항쟁'이 일어나다.

1885년 인도 국민 회의가 조직되어 인도인이 정치적으로 더욱 큰 목소리를 낼 수 있게 되다.

1905년 인도인들이 국산품을 애용하고 영국 제품을 불매하는 '스와데시' 운동을 벌이다.

1917년 간디가 '인디고'라는 염료를 만드는 식물을 강제로 재배하는 농민들을 위해 시위를 벌이다.

1921년 핑갈리 벤카야가 새로운 인도 국기를 만들다. 가운데에 '차르카'가 그려져 있다.

'차르카'로 불리는 물레

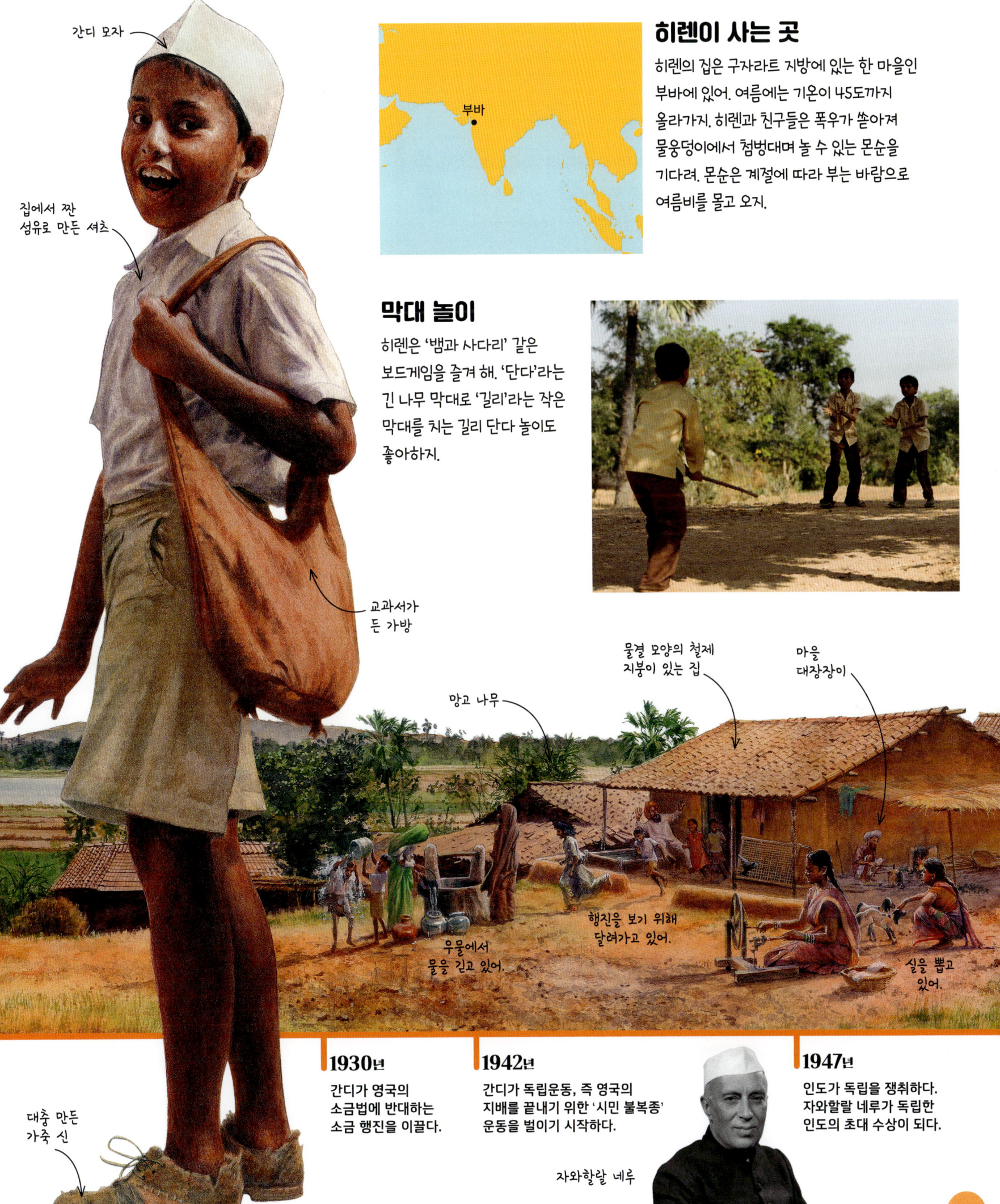

히렌이 사는 곳

히렌의 집은 구자라트 지방에 있는 한 마을인 부바에 있어. 여름에는 기온이 45도까지 올라가지. 히렌과 친구들은 폭우가 쏟아져 물웅덩이에서 첨벙대며 놀 수 있는 몬순을 기다려. 몬순은 계절에 따라 부는 바람으로 여름비를 몰고 오지.

막대 놀이

히렌은 '뱀과 사다리' 같은 보드게임을 즐겨 해. '단다'라는 긴 나무 막대로 '길리'라는 작은 막대를 치는 길리 단다 놀이도 좋아하지.

- 간디 모자
- 집에서 짠 섬유로 만든 셔츠
- 교과서가 든 가방
- 대충 만든 가죽 신
- 망고 나무
- 물결 모양의 철제 지붕이 있는 집
- 마을 대장장이
- 우물에서 물을 긷고 있어.
- 행진을 보기 위해 달려가고 있어.
- 실을 뽑고 있어.

1930년
간디가 영국의 소금법에 반대하는 소금 행진을 이끌다.

1942년
간디가 독립운동, 즉 영국의 지배를 끝내기 위한 '시민 불복종' 운동을 벌이기 시작하다.

1947년
인도가 독립을 쟁취하다. 자와할랄 네루가 독립한 인도의 초대 수상이 되다.

자와할랄 네루

제2차 세계 대전
전 세계가 다시 전쟁의 소용돌이에 휘말리다

1939년, 아돌프 히틀러가 이끄는 독일이 이웃 국가들을 침공하기 시작했어. 전쟁에 뛰어든 나라들은 두 편으로 갈라졌고, 전 세계가 전쟁에 휩싸였지. 이탈리아와 일본 등은 독일 편에 서 추축국이라 불렸어. 상대편인 연합국에는 영국, 소련, 그리고 나중에 미국이 가담했지. 세계의 어린이들도 전쟁에 휘말렸어.

전세계적인 갈등
독일은 북쪽, 동쪽, 서쪽으로 유럽 여러 나라를 침공했어. 전쟁의 불길이 북아프리카, 동남아시아 그리고 태평양으로 번져 나갔지.

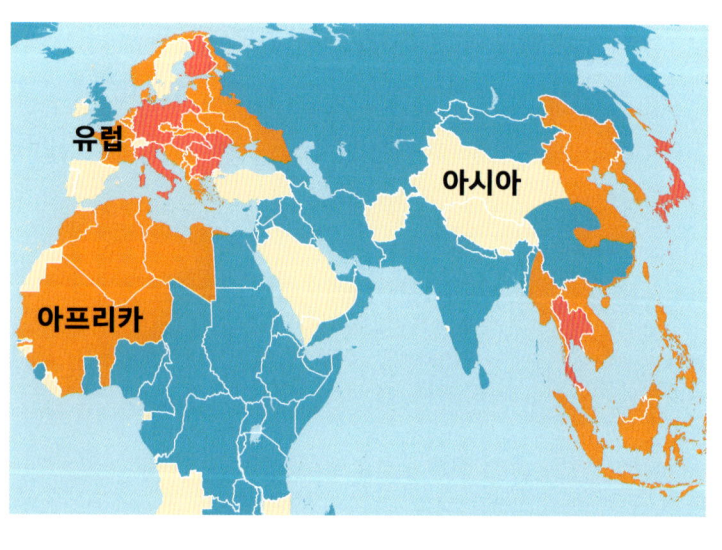

- 연합국
- 추축국
- 추축국의 침략을 받은 나라들

강제 수용소
유대인과 집시들은 나치에 의해 체포되어 강제 수용소로 끌려갔어. 어린이들은 부모와 헤어졌고, 어른과 어린이 수백만 명이 수용소에서 죽었지.

나치당
히틀러는 국가 사회주의 노동당을 이끌었어. 이 정당은 나치당으로 불렸지. 권력을 잡은 히틀러는 독일 민족이 가장 우수하다고 주장하며 유대인들을 증오하도록 부추겼어. 독일 어린이들은 히틀러의 가르침을 그대로 따랐지.

나치의 상징 '스와스티카'

1939년 9월
독일이 폴란드를 침공하다. 영국과 프랑스가 독일에 선전포고하다.

독일군 헬멧

1940년 5월 27일
연합국이 패하여 프랑스의 도시 됭케르크에서 철수하다.

영국 랭커스터 폭격기

1940년 9월
영국에서 영국과 독일 공군 사이에 전투가 시작되다.

미국의 참전
1941년 12월 7일 추축국인 일본이 하와이 진주만의 미 해군 기지를 폭격했어. 미국이 참전함으로써 연합국의 힘이 강해졌지.

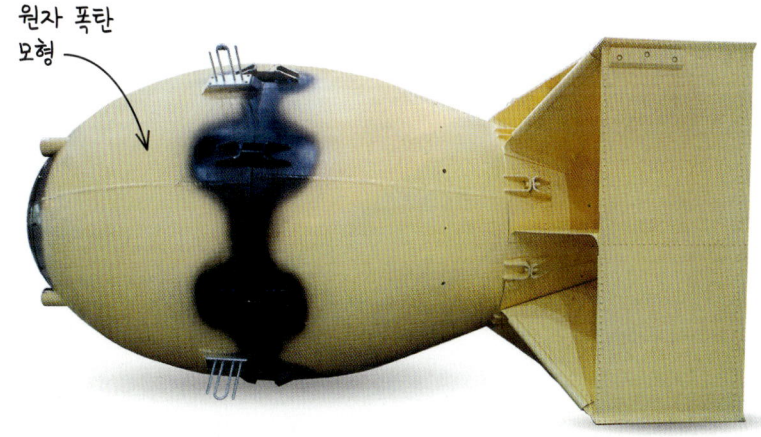

원자 폭탄 모형

독일의 전술
'전격전'이라는 말은 독일군의 작전에서 유래했어. 제2차 세계 대전 당시, 유럽 도시 곳곳에서 이루어진 폭탄 공격을 묘사할 때 이 말이 사용되었어. 어른과 어린이들은 공격이 이루어지는 동안 대피소에 모여 있었어.

원자 폭탄
1945년 독일이 항복한 후, 미국은 일본도 전쟁을 멈추기를 원했지. 그해 8월 일본 히로시마와 나가사키에 원자 폭탄이 떨어졌고, 13만 5000명 이상이 죽었어.

1943년 2월 2일
독일이 스탈린그라드 (오늘날 러시아 볼고그라드) 전투에서 소련에 패하여 철수하다.

독일 티거 전차

1944년 6월 6일
연합군이 프랑스 노르망디 해안에 상륙하다.

1945년 5월 7일
독일이 항복하면서 유럽에서 전쟁이 끝나다.

1945년 9월 2일
일본이 항복하면서 제2차 세계 대전이 끝나다.

수잔

제2차 세계 대전 때 피난을 간 어린이

수잔은 런던 동부에 사는 열 살 소녀야. 1939년 9월 적군의 폭격을 피하기 위해 같은 학교 어린이들과 함께 영국 서부의 코츠월드 변두리에 있는 한 마을로 보내졌어. 수잔은 낯선 사람들과 함께 시골로 이주하여 새로운 학교에 가고, 전과는 다른 삶을 살게 될 거야.

이름표에 개인 정보가 적혀 있어.
방독면이 든 상자
소지품 가방
옷이 든 여행가방

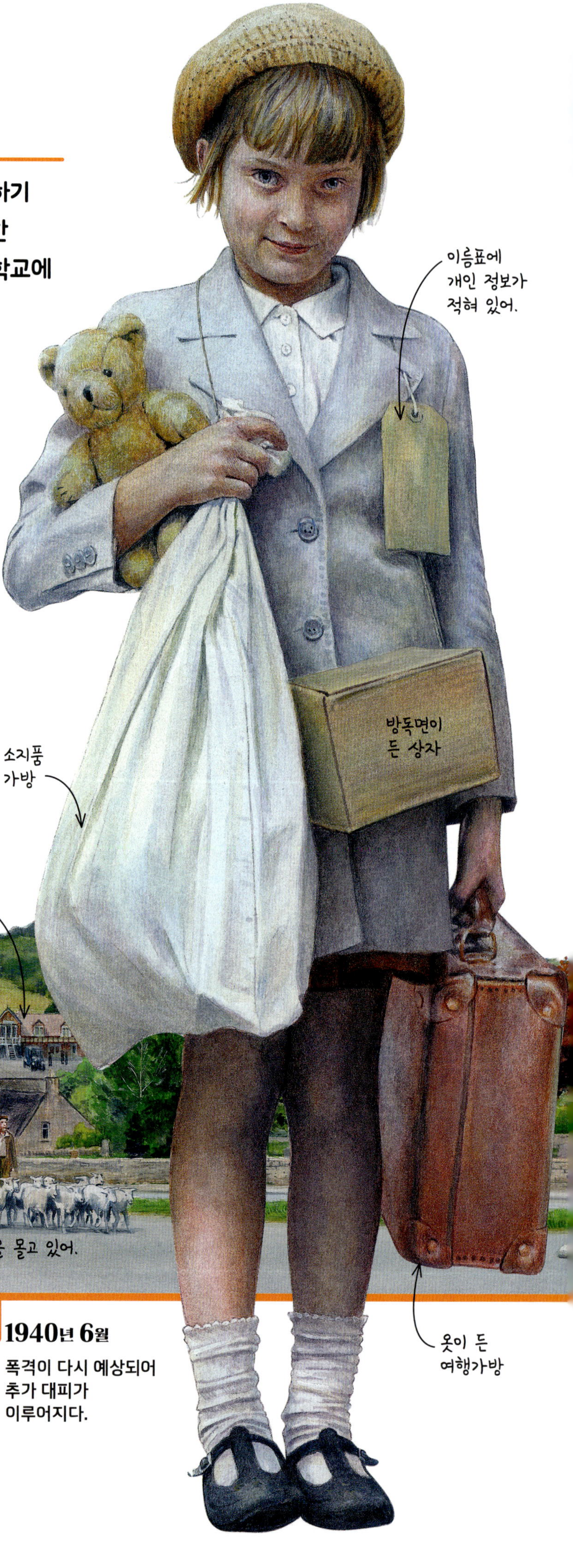

기습 공격 피하기

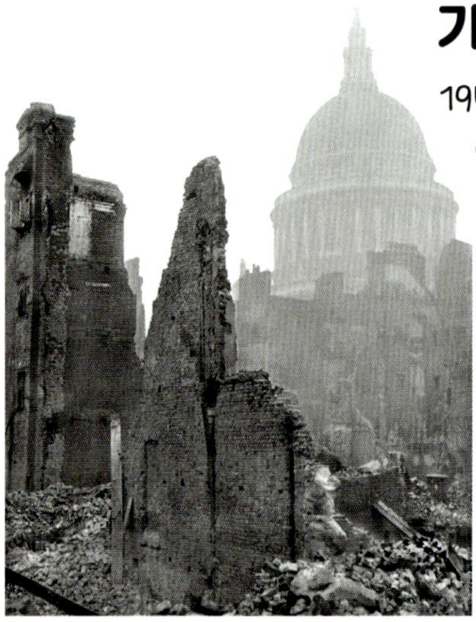

1940년 독일이 영국의 대도시, 공장, 부두에 엄청난 폭격을 시작했어. '블리츠'라고 하는데, 독일어로 기습 공격이라는 뜻이야. 1939년과 1940년 사이에 시골로 탈출한 어린이들은 최악의 폭격을 피할 수 있었어.

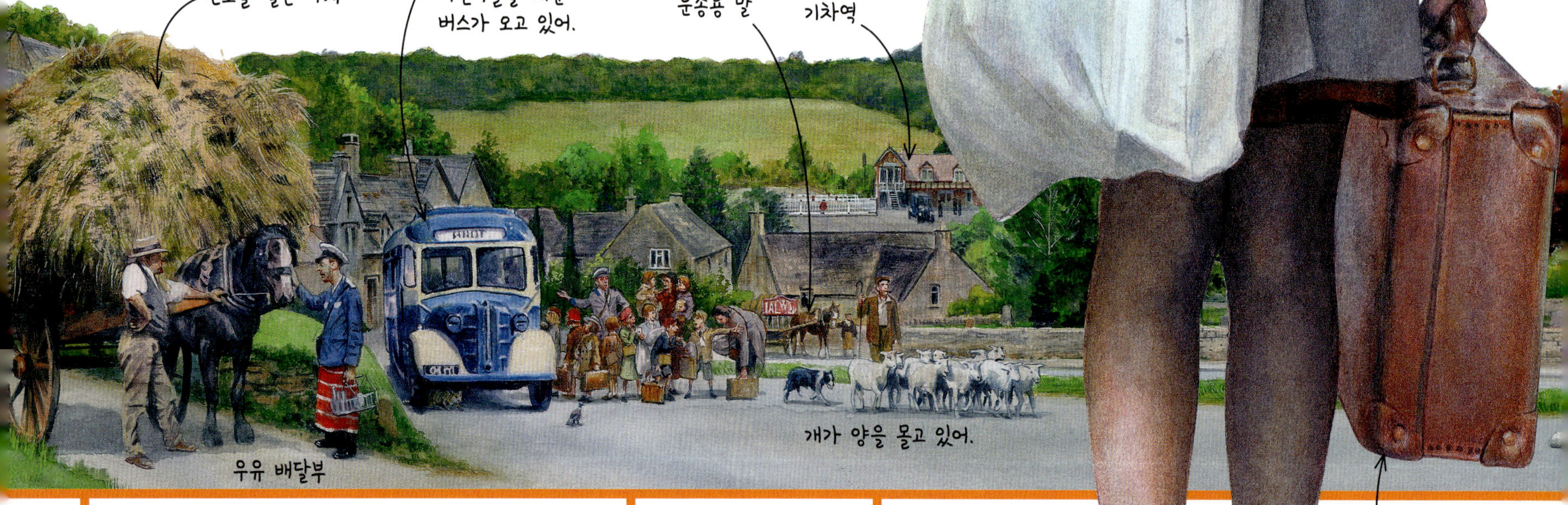

건초를 실은 마차
기차역에서 어린이들을 태운 버스가 오고 있어.
운송용 말
기차역
개가 양을 몰고 있어.
우유 배달부

1939년 9월 1일

전쟁이 선포되며 첫 대피를 시작하다.

Daily Herald

WAR DECLARED BY BRITAIN AND FRANCE

The Fleet Moves Into Position

POLES SMASH WAY INTO E. PRUSSIA

London Hears Its First Raid Warning

WAR CABINET OF NINE

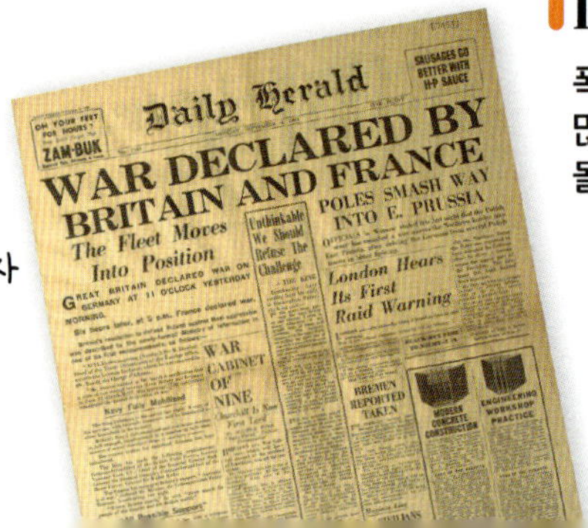

전쟁의 시작을 알리는 신문 기사

1940년 1월

폭격이 시작되지 않아 많은 피난민들이 집으로 돌아오다.

1940년 6월

폭격이 다시 예상되어 추가 대피가 이루어지다.

시골 생활
시골은 대도시와 다른 점이 많아. 시골 사람들은 대부분 농사를 지어. 수잔은 난생처음으로 돼지, 양, 소를 보고 과일과 채소가 어떻게 자라는지 알게 돼.

배급
독일 해군이 영국으로 오는 보급품을 막았기 때문에, 고기부터 설탕까지 대부분의 음식을 배급 받아야 해. 1942년부터 수잔은 일주일에 단 것을 겨우 200그램만 받고 있어.

피난길
수잔은 런던에서 코츠월드까지 기차를 타고 이동해. 그러나 영국의 다른 대도시에서 피난을 가는 사람들도 있어. 그들은 영국 서부와 웨일즈의 마을로 이동을 하지.

가스 공격
제1차 세계 대전 때 유독 가스가 무기로 사용되었기 때문에, 나라에서는 국민들에게 항상 방독면을 지니고 다니라고 했어. 가스 공격이 이루어지지 않고 있지만, 그래도 방독면이 없으면 벌금을 물어야 해.

▼ 시골에 도착하기
수잔과 같은 학교에서 온 어린이들이 시골 마을에 도착하고 있어. 지역 주민들이 보살펴 줄 어린이를 고르는 동안 줄을 서 있어야 해.

1940년 9월~1941년 5월
기습 공격으로 영국 도시들이 막대한 피해를 입다.

1944년 6월
V계열 미사일(로켓과 폭탄) 공격으로 더 많은 피난민이 발생하다.

1945년 5월 8일
유럽 전승 기념일. 유럽에서 전쟁이 끝났음을 의미한다.

1945년 6월
피난을 갔던 어린이들이 집으로 돌아가다.

안네 프랑크

진짜 삶

제2차 세계 대전 기간에 숨어 지내던 소녀

안네 프랑크는 2차 세계 대전 기간에 암스테르담에서 살았던 유대인 소녀야. 열한 살 때 나치 독일이 네덜란드를 침공했고, 유대인을 강제 수용소로 보내기 시작했어. 안네와 가족들은 숨어 지냈지. 안네는 전쟁에서 살아남지 못했지만, 일기는 남아 전 세계에 출간되었어.

나치의 침략
나치는 독일과 자신들이 침략한 나라에 사는 유대인을 표적으로 삼았어. 안네가 가족과 함께 살았던 네덜란드의 수도 암스테르담도 여기에 포함되어 있었지.

위험에 처한 유대인
나치는 유대인에게 다윗의 별 배지를 달게 하고 강제 노동 수용소로 보냈어. 안네의 아버지 오토 프랑크는 가족과 함께 숨기로 결정했지.

안네의 일기
안네는 1942년 6월 열세 번째 생일을 맞아 선물로 공책을 받았어. 가족들과 숨어 지낸 나날을 글로 썼지.

> "글을 쓰면 모든 것을 떨쳐 버릴 수 있다. 슬픔이 사라지고 용기가 다시 샘솟는다."
> **안네의 일기**

숨은 장소
가족은 아버지 사무실에 있는 비밀의 방으로 들어갔어. 입구가 책장으로 가려져 있었고, 가족들이 그곳에 숨어 있는 것은 몇 사람만 알았지.

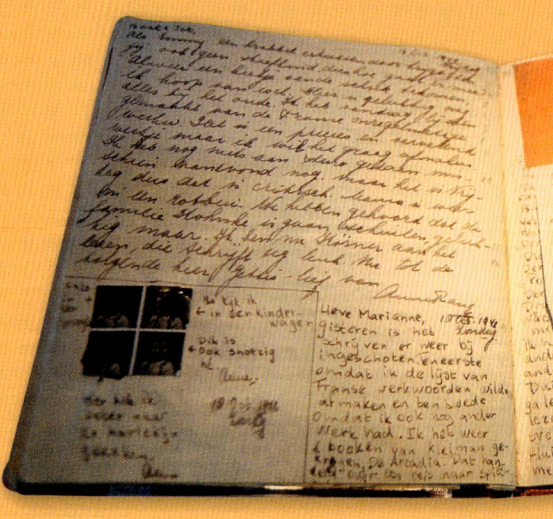

1929년
안네 프랑크가 독일 프랑크푸르트에서 태어나다.

1933년
가족이 나치의 박해를 피해 암스테르담으로 이사하다.

부모님, 언니 마르고트와 함께 사진을 찍은 안네

1939년
독일이 폴란드를 침공함으로써 2차 세계 대전이 시작되다.

1940년 5월
독일이 네덜란드를 침략하여 네덜란드의 유대인을 표적으로 삼기 시작하다.

1942년 6월
안네의 언니 마르고트가 노동 수용소로 오라는 편지를 받다.

안네의 꿈

안네는 언젠가 기자가 되고 싶다는 바람을 글로 썼지만, 1944년 가족이 발각되어 강제 수용소에 함께 끌려갔어. 안네의 아버지만 전쟁에서 살아남았지.

1942년 6월 6일
안네와 가족들이 은신처에 숨다.

1944년
가족이 나치에게 발각되어 서로 다른 강제 수용소로 보내지다.

1945년
안네가 베르겐벨젠 수용소에서 죽다.

1947년 6월 25일
안네의 일기가 출간되다.

사람들을 수용소로 데려간 기차에서 나온 나치의 휘장

냉전
자본주의 대 공산주의

1947년부터 1989년까지, 세계는 자본주의와 공산주의 진영으로 나뉘어 갈등을 겪었어. 정치, 군사적으로 긴장된 상태가 이어졌는데 이 시기를 냉전 시대라고 해. 아이들은 상대 진영의 공격에 대비해야 한다고 배웠어.

두 진영으로 나뉜 세계
세계 최대의 영토를 차지한 나라 가운데 소련과 중국이 공산주의 국가였어. 두 나라는 다른 공산주의 국가들을 보호했어. 미국은 세계 최강의 자본주의 국가였지.

소련에서는 10~15세 어린이들이 공산주의 이념을 교육하는 여름 캠프에 참가했어.

공산주의
소련을 중심으로 한 공산주의 국가들은 사람들이 모든 것을 함께 나누어 가져야 한다고 생각했어. 부모가 공산주의 이념에 반대하면, 나라에 알려야 한다고 아이들을 가르쳤지.

자본주의
미국을 중심으로 한 자본주의 국가는 사람들에게 자기 것은 자기가 소유하고 자신이 벌어서 먹고 살도록 했어. 미국 정부는 공산주의자로 의심되는 사람들을 감시했지.

미국 조셉 매카시 상원 의원은 미국에서 공산주의를 쓸어버리길 바랐어.

1945년
제2차 세계 대전이 끝나다. 소련이 동유럽에서 패권을 차지하다.

1949년
나토, 즉 북미와 서유럽의 군사 동맹이 맺어지다.

1955년
동유럽 공산주의 국가들 사이에 바르샤바 조약 기구가 설치되다.

세계 최초의 인공위성, 소련의 스푸트니크 1호

1957년
소련과 미국이 누가 먼저 우주선과 사람을 우주로 보내느냐를 놓고 경쟁을 벌이기 시작하다.

베트남 전쟁

1954년 베트남에서 기나긴 전쟁이 시작되었어. 북베트남 공산주의자들은 소련과 중국의 지지를 받은 반면, 남베트남은 미국의 지지를 받았지. 1975년 공산주의자들이 승리했어.

베를린 장벽

냉전이 지속되면서 동유럽은 공산주의 국가, 서유럽은 자본주의 국가로 갈라졌어. 독일의 베를린은 장벽을 사이에 두고 동베를린과 서베를린으로 나누어져 있었지. 동쪽에서 장벽을 넘어 탈출을 시도하면 병사들이 총을 쏘았어.

철조망으로 덮인 콘크리트 장벽이 동베를린과 서베를린을 나누고 있었어.

냉전이 끝나다

1989년 중유럽과 동유럽이 시위, 파업, 선거를 통해 공산주의 정권을 끌어내렸어. 1991년 소련이 붕괴하고 신생 국가들이 탄생했지.

1999년 체코슬로바키아에서 일어난 총파업

1962년 10월
소련이 미국 코앞에 있는 쿠바에 핵미사일 기지를 세우려 하면서 핵전쟁 위기에 놓이다(쿠바 위기).

1968년
소련군이 탱크를 앞세워 체코슬로바키아에서 벌인 시위를 진압하다.

1975년
북베트남군이 남베트남의 수도인 사이공(오늘날 호치민)을 점령하며 베트남 전쟁이 끝나다.

1989년
동유럽 공산주의 국가들이 붕괴하기 시작하다.

소련의 엠블럼에 사용한 공산주의의 상징(망치와 낫)

시민권 운동
미국의 평등한 사회를 위한 투쟁

20세기 내내, 아프리카계 미국인들은 심한 인종 차별에 시달렸어. 흑인은 학교를 포함해서 백인과 같은 시설을 사용할 수 없었고, 차별과 폭력으로 고통받았어. 시민권 운동은 이러한 현실을 바꾸어야 한다며 미국 전 지역에서 피부 색깔에 관계없이 흑인과 백인이 평등한 권리를 누려야 한다고 외쳤지.

미국 흑인 지위 향상 협회 (NAACP)

1909년 미국 흑인 지위 향상 협회(NAACP)가 설립되었어. 많은 젊은이들이 가입하여 차별에 맞서 평등을 외치며 투쟁했어.

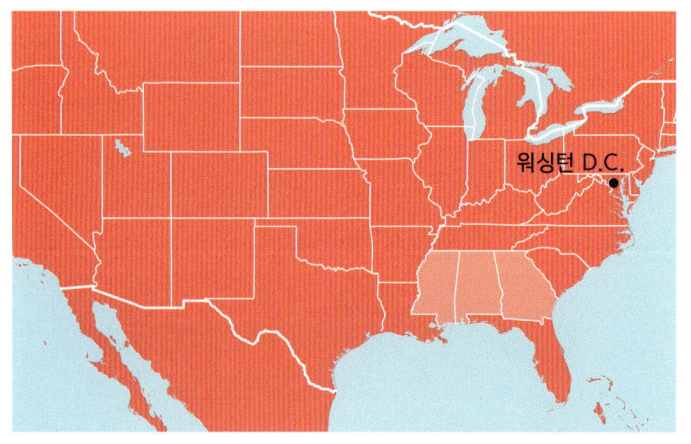

남부의 분쟁

1865년 노예 제도가 폐지되기 전까지만 해도 앨라배마, 조지아, 미시시피 같은 남부 여러 주에서 흑인 노예들이 많았어. 이곳에서 흑인을 목매달아 죽이는 끔찍한 범죄가 발생했지.

■ 앨라배마, 조지아, 미시시피

KKK의 유니폼

쿠 클럭스 클랜(Ku Klux Klan, KKK)

20세기에 쿠 클럭스 클랜(KKK)이라는 극단주의 단체가 시민권 운동에 반대하며 아프리카계 미국인을 공격했어. 이 단체 회원들은 흑인 교회와 학교를 불태우고 흑인 사회를 공포에 떨게 했지.

1919년
흑인 공동체가 수많은 폭동으로 공격을 받다.

1955년
흑인 소년 에메트 틸이 백인에게 살해되면서 분노가 들끓다.

1955년
로자 파크스가 버스에서 백인에게 자리 양보를 거부하여 버스 보이콧 운동이 시작되다.

1950년대 버스

차별을 없애다

수년간 운동을 벌인 끝에 결국 차별을 금지하는 법을 통과시켰어. 1954년 대법원은 흑인과 백인을 분리하는 교육이 불법이라고 판결했지. 테네시 학교는 1957년 처음으로 흑인 어린이의 입학을 허가했어. 1964년에는 시민권 법이 제정되며 공공장소와 건물에서 차별을 금지하는 등 큰 변화가 생겼어.

마틴 루터 킹

마틴 루터 킹은 시민권 운동의 주요 지도자야. 비폭력 시위를 벌이고, "나는 꿈이 있다."는 말을 반복해서 한 1963년 워싱턴 D. C. 연설로 가장 잘 알려져 있지.

1968년 올림픽 당시 블랙 파워 경례를 하는 모습

블랙 파워

'블랙 파워'는 흑인의 끈질긴 투쟁을 묘사할 때 사용해. 평등한 권리, 정치적 지위 향상, 좋은 일자리를 추구하는 내용들이 이 구호에 포함되어 있지. 사람들은 경례할 때 '블랙 파워'를 지지하는 표시로 주먹을 치켜들어.

1960년
미국 남부에서 흑인 청년들이 백인 전용 식당에 앉아 자리를 지키는 싯인(sit in) 운동을 벌이다.

1965년
미국 투표권 법이 제정되어 미국 남부 흑인들이 선거에서 투표할 수 있게 되다.

1965년
흑인 인권 운동가인 말콤 엑스가 뉴욕에서 살해되다.

마틴 루터 킹 조각상

1968년
마틴 루터 킹이 살해되다. 폭동과 시위가 잇따르다.

루비 브리지스

시민권 운동가

루비 브리지스는 뉴올리언스에서 태어난 아프리카계 미국인이야. 루비가 태어날 당시 아프리카계 미국인들은 2등 시민 대우를 받았어. 법적으로 백인과 분리되어야 했고, 흑인과 백인 어린이는 다른 학교에 가야 했지. 1960년 루비는 흑인 어린이로는 처음으로 백인만 다니는 학교에 입학했어. 이후에 시민권 운동가로 성장했지.

차별이 심했던 남부

루이지애나 주 뉴올리언스는 미국 남부에 있어. 아프리카계 미국인에 대한 차별이 특히 심한 지역이지. 1865년 노예 제도가 폐지되기 전까지만 해도 노예들 대부분이 살았던 곳이야.

인종 차별

인종 차별 정책은 인종을 분리시켰어. 학교, 음식점, 교통수단, 심지어는 공중화장실도 흑인과 백인을 위한 것이 따로 있었지. 아프리카계 미국인 대부분이 가난하게 살았어.

시민권 운동

루비가 새로운 학교에 입학하기 5년 전인 1955년, 로자 파크스는 버스에서 백인에게 자리 양보를 거부했어. 이러한 차별에 항의하는 시위가 일어났고, 1964년 인종, 피부색, 종교, 성별에 따른 차별을 금지하는 시민권 법이 만들어졌어.

"저는 피곤했던 게 아니라 백인에게 자리를 양보하는 것이 지겨웠을 뿐입니다."
— 시민권 운동가 로자 파크스

백인과 흑인의 평등한 권리에 반대하는 팻말을 든 시위대가 행진하고 있어.

반대 목소리

흑인들이 법적으로 평등한 권리를 인정받자 남부에 사는 수많은 백인들이 시위를 벌였어. 새로운 법에 맞서 강력히 항의했고, 많은 아프리카계 미국인들이 희생되었지.

1954년 9월 8일
루비 브리지스가 미시시피 주 타일러타운에서 태어나다.

1954년
새로운 법에 따라 백인만 갈 수 있던 학교에서 아프리카계 미국인 어린이 입학을 허용하다.

학생들을 보호하는 부대

1957년
아칸소 주 리틀록에서 흑인 학생들의 입학을 반대하는 폭력 사건이 일어나다.

1960년
루비가 인종 차별을 하는 학교에 가기 위한 입학시험을 통과하다.

걸어서 학교 가기

루비 브리지스가 새 학교에 입학했을 때, 그와 가족들을 협박하는 사람들이 있었어. 그래서 미국 연방 보안관들이 등하굣길에 루비를 에워싼 채 보호해 주었지.

1960년 11월 14일
루비가 백인들만 다니던 윌리엄 프란츠라는 초등학교에 다니게 되다.

1964년
시민권 법에 따라 공공장소에서 차별을 금지하다.

1988년
약 45퍼센트의 흑인 학생이 예전에 백인들만 다닐수 있었던 학교에 다니다.

1993년
루비가 자신이 다니던 학교에서 자원봉사를 하다. 학부모들에게 적극적으로 어린이 교육을 권장하다.

1999년
루비가 루비 브리지스 재단을 세우고 '모든 차이에 대한 관용, 존중, 그리고 감사'를 홍보하다.

2001년
루비가 빌 클린턴으로부터 대통령 시민 훈장을 받다.

121

미래의 어린이들
앞으로 우리는 어떻게 살게 될까

어린이의 삶이 앞으로 수십 년 사이에 얼마나 달라질지 미리 알기는 어려워. 하지만 의학에서 식품 생산에 이르기까지 여러 분야에서 이미 일어난 놀라운 변화들이 우리에게 단서를 줄지도 모르지. 미래는 과연 어떤 모습일까?

대나무 해초 버섯 바다 수세미 조개껍데기

환경 친화적인 건물들

건물을 짓는 데 사용하는 목재는 언젠가 바닥이 날지도 몰라. 미래의 어린이는 버섯이나 조개껍데기 같은 다른 천연 재료로 만든 건물에서 살아야 할 수도 있어. 이미 이러한 재료로 건물을 만드는 사람들이 있어.

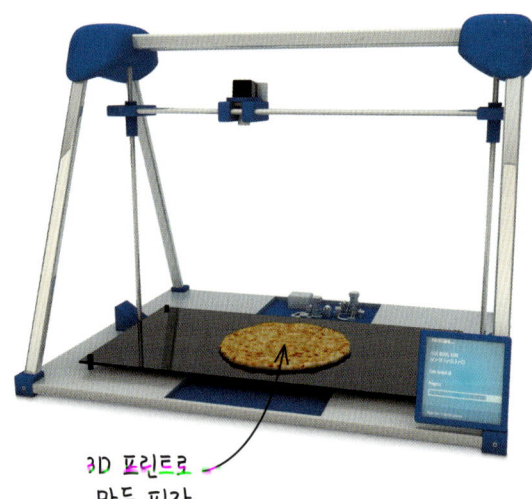

3D 프린트로 만든 식품

미 항공우주국 나사는 우주비행사들이 화성과 같은 곳으로 가는 긴 여정 중에 먹을 수 있는 음식을 3D 프린트를 이용해서 만들고 있어. 언젠가 어린이들이 3D 프린트로 만든 피자와 비스킷을 먹을 날이 올지도 몰라.

3D 프린트로 만든 피자

사바는 일본 로봇이야. 여섯 가지 다른 얼굴 표정이 프로그램 되어 있지.

인공지능

학교 수업과 같은 일을 하는 로봇이 이미 현실에서 만들어지고 있어. 하지만 스스로 생각할 수 있는 기계를 갖춘 진짜 인공지능 개발은 아직은 먼 미래의 일인 것 같아.

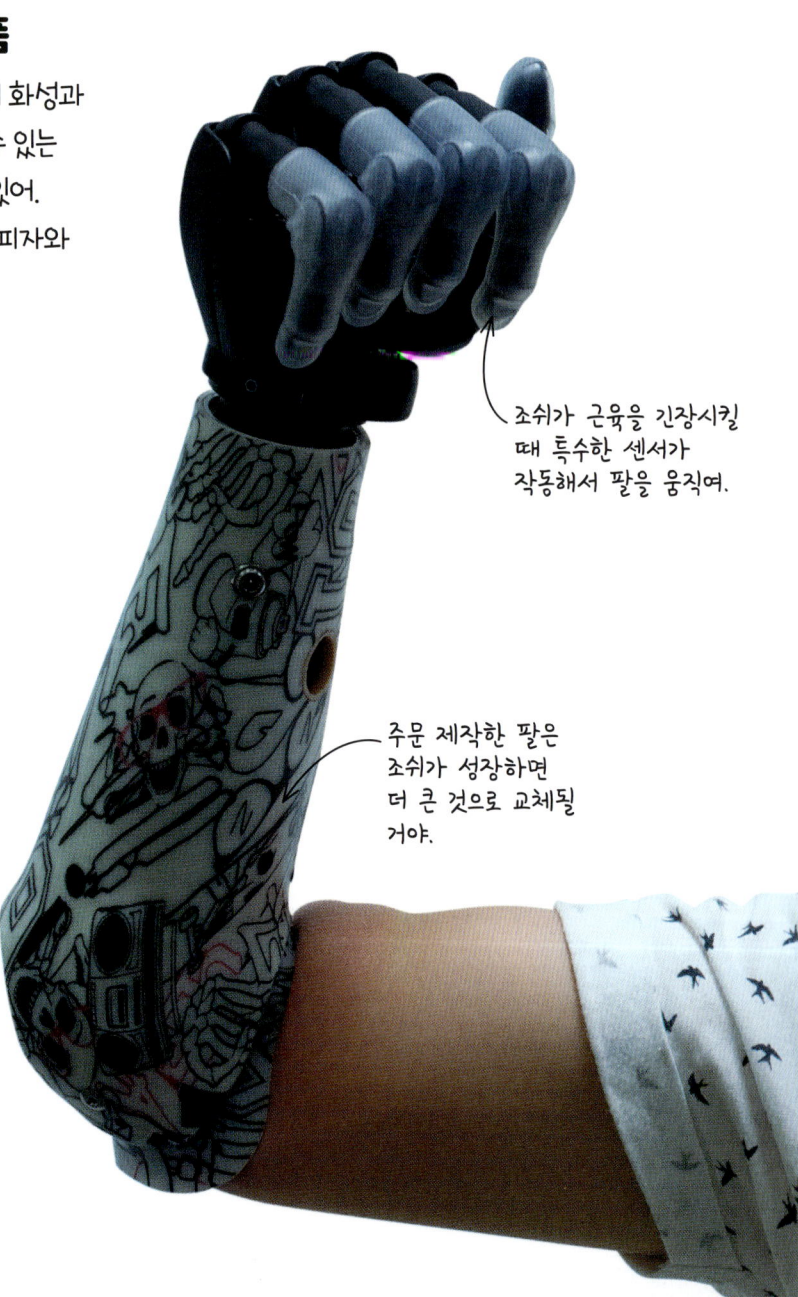

조쉬가 근육을 긴장시킬 때 특수한 센서가 작동해서 팔을 움직여.

주문 제작한 팔은 조쉬가 성장하면 더 큰 것으로 교체될 거야.

우주에서 보내는 휴가

관광객을 우주로 데려갈 우주선을 설계하고 있는 기업도 있어. 심지어 예약을 받고 있는 곳도 있지. 첫 여행은 짧을 거야. 여행자들은 몇 분 정도 무중력 상태를 경험하고 지구의 둥근면을 보게 되겠지.

화성

지구

나노 기술

언젠가는 혈구보다도 작은 나노 로봇이 우리 몸속에 들어와 바이러스를 공격하고 질병을 치료할 거야. 이러한 과학 기술을 나노 기술이라고 해.

생체 공학으로 인공 폐를 비롯한 신체 부위들이 개발되고 있어.

생체 공학

스코틀랜드에서 온 아홉 살 소년 조쉬 캐스카트는 태어날 때 오른손이 없었어. 2015년 생체 공학 손을 가진 최초의 어린이가 되었지. 진짜 손처럼 움직일 수 있는 인공 손이야. 과학자들은 인간이 더욱 강해지고 더 빨리 달릴 수 있게, 즉 능력을 '업그레이드'하기 위해 다른 생체 부위도 개발하고 있어.

용어 풀이

공산주의
재산, 토지, 공장 및 기타 시설을 국가가 소유하는 정치 또는 경제 체제

소에게서 우유와 고기를 얻는다.

공화정
투표로 뽑힌 사람이나 기관의 뜻에 따라 이루어지는 정치. 프랑스 혁명 당시 루이 16세가 처형되고 공화정이 선포되었다.

기근
식량이 매우 부족한 현상. 주로 흉작일 때 나타난다.

나일 강
아프리카 대륙 동북부를 흐르는 강. 이 유역에서 이집트 문명이 시작되었으며, 고대 이집트의 농사는 해마다 일어나는 나일 강의 범람에 달려 있었다.

냉전
'차가운 전쟁'이라는 뜻으로, 실제 전쟁이 일어나지는 않았지만 20세기, 미국과 소련을 중심으로 두 진영이 팽팽히 맞서던 시기

노예
다른 사람이나 가족을 위해 일하거나 봉사해야 하는 사람. 노예는 재산으로 간주되며 주인에게 복종해야 한다.

동맹국
다른 나라를 지지하고, 무역에 동의하거나 전쟁이 일어났을 때 함께 싸워 줄 나라

르네상스
14세기에 유럽에서 시작된 문예 부흥 운동. 그리스와 로마 문화에 대한 새로운 관심에서 비롯되었다. 고대 그리스와 로마 문화가 다시 살아났다는 의미가 담겨 있다.

몽골 제국
13세기에 칭기즈 칸과 그 후예들이 이룬 대제국. 중국에서 동유럽과 서아시아 지역에 이른다.

2차 십자군 전쟁 당시 기독교와 이슬람 군대가 맞붙은 상황

바이킹
스칸디나비아 반도를 중심으로 활동한 민족. 8~11세기에 북유럽 해안을 침략하고 그곳에 정착했다.

비잔틴 제국
로마 제국이 동로마와 서로마로 분열된 뒤 동쪽을 차지한 동로마 제국. 오늘날 터키 이스탄불인 콘스탄티노플을 수도로 삼았다.

아일랜드 이민자

사무라이
중세에 처음 등장한 일본 상류층 전사들

상형 문자
모양을 본떠 만든 글자

순례자
종교적인 이유로 여행을 하는 사람. 주로 사원과 같은 성지를 방문한다.

십자군 전쟁
성지인 예루살렘을 되찾기 위해 기독교 세력과 이슬람교 세력이 벌인 전쟁

파라오 투탕카멘의 데스마스크

오스만 제국
1299년에 오스만 튀르크가 세운 제국. 1453년에 비잔티움 제국을 멸망시켰다. 이후 술레이만 1세 때 영토를 크게 넓혀 북아프리카, 동유럽, 서아시아, 이렇게 세 대륙을 아울렀다.

왕조
한 가문이 세대에서 세대를 이어 통치하는 시대

원주민
그 지역에 원래부터 살고 있는 사람들

이민자
태어난 나라를 떠나 다른 나라에서 정착하는 사람

이슬람교
610년에 무함마드가 창시한 종교. '알라'를 유일한 신으로 믿는다. 무함마드가 받은 신의 계시를 훗날 기록한 것이 이슬람교 경전인 《쿠란》이다.

잉글랜드
오늘날 영국을 이루는 4개 지역 가운데 하나. 1707년에 잉글랜드를 중심으로 스코틀랜드와 합쳐지며 영국이라는 한 나라가 되었다.

자본주의
재산과 기업을 국가가 아닌 개인이 소유하는 정치 또는 경제 체제

제국
한 군주나 정부의 지배를 받는 여러 국가들의 무리

종교 개혁
16세기 유럽에서 가톨릭교회의 타락에 맞서 일어난 운동. 개신교교회가 등장하는 계기가 되었다.

천문학
지구 밖의 태양계, 은하계, 우주를 연구하는 학문

파라오
고대 이집트의 지배자

흑사병
14세기에 크게 유행한 피부가 썩어 검게 변하는 병. 벼룩이 피를 빠는 과정에서 전염된다.

사무라이의 검

바이킹의 배

찾아보기

ㄱ

가톨릭교회 62-63, 66
간디 108-109
갑옷 35, 39
강제 수용소 110, 114, 115
개신교 교회 62
게르 41
게임 10-11, 14, 33, 49, 109
고대 그리스 20-21, 24, 44, 60
고대 로마 10, 22-23
고대 이스라엘 78
고대 이집트 10, 12-15, 24, 78
골풀 90
공산주의 116-117
공중정원 19
공화정 85
교역 8, 42-43, 47, 53, 58,
교육 20, 52, 54, 58, 59, 62, 66, 78,
　82, 94, 102, 103, 119, 121
궁전 65, 84, 86, 104
기근 140
기사 34-36

ㄴ

나노 기술 123
나일 강 13, 14
나치 110, 114-115
난징 48, 49
남북 전쟁 102-103
냉전 116-117
네덜란드 114
네부카드네자르 2세 18, 19
노르웨이 32-33
노예 제도 54, 70-71, 94, 102-103,
　118, 120
농사 2, 7, 33, 44, 50, 76, 96, 106, 113
뉴욕 100-101

19세기 카메라

ㄷ

달력 31
대륙군 80
돌 도장 9
동맹국 95, 106-107
독립 선언문 81
독일 26, 34-37, 62, 75, 89, 106, 107,
　110-114, 117

ㄹ

러시아 혁명 104-105
런던 66, 68, 112, 113
레오 아프리카누스 58
로봇 122, 123
로자 파크스 118, 120
루비 브리지스 120-121
루이 16세 84, 86
르네상스 25, 54, 60-61
리스본 56-57

ㅁ

마르코 폴로 43
마르틴 루터 62
마리 앙투아네트 84, 86-87
마야 16, 30-31
마틴 루터 킹 119
말 27, 35, 40, 98
매머드 6-7
맨체스터 88-89

머리 강 90, 91
메소포타미아 18-19
메지리히 6-7
멕시코 30-31, 50-51, 72
면직 공장 88
명 왕조 48-49
모스크 28, 59, 64-65
모차르트 74-75
모하치 전투 65
모헨조다로 8-9
몽골 제국 40-41
무기 34, 39, 73
무덤 12, 14, 15
무슬림 36-37, 64-65
물레 108
미국 11, 70-71, 76-77, 80-81, 96-97,
　100-103, 107, 110-111, 116-121
미국 혁명 80-81

ㅂ

바르셀로나 46-47
바빌론 18-19, 78
바스쿠 다 가마 56, 57
바이킹 10, 32-33, 98
반종교 개혁 63
밤베르크 34-35
방독면 113
배 33, 43, 46, 57, 70, 72-73, 98, 101

배급 113
버지니아 68, 70-71
베르사유 조약 107
베를린 장벽 117
베오그라드 64-65
베트남 전쟁 117
보드게임 14, 33, 109
보석 9, 23, 27
보스턴 학살 80
볼리비아 92-93
불교 38
브라질 94-95
블랙 파워 119
블리츠(전격전) 111, 112
비디오게임 11
비잔틴 제국 36, 37
비행기 99
빈 86
빙하기 6-7

ㅅ

사냥 4, 44, 91
사무라이 38-39
사원 21
산업 혁명 89
살라딘 37
상형 문자 31, 78
생채 공학 123
서아프리카 58-59, 70
서예 39
석기 7
석기 시대 6-7, 44, 98
설형 문자 18
섬터 요새 102
성 34-35
성경 62, 78, 96
성지 36-37, 59

고대 그리스의 원반

세르비아 64-65, 106
소금 행진 108-109
소년 십자군 37
소년병 103
소련(사회주의 연방 공화국) 105, 110, 111, 116, 117
수도원 62-63
수지 킹 테일러 102
수학 18, 78
술레이만 1세 64-65
스파르타 20-21
스페인 31, 46-47, 72, 73, 92, 93
시몬 볼리바르 93
시민권 운동 118-121
신전 13, 31, 51
실크로드 41, 42-43
십자군 전쟁 36-37

ㅇ

아나스타샤 104-105
아돌프 히틀러 110
아르게 밤 42
아메리카 원주민 68-69, 80, 96
아즈텍족 50-51
아틸라 26
아프리카계 미국인 70-71, 102-103, 118, 120-121
안네 프랑크 114-115
알파카 92
암스테르담 114
에드워드 6세 66-67
에이브러햄 링컨 103
예니체리 64-65
오리건 가도 96
오스만 제국 64-65, 106
오스트레일리아 90-91
오페라 74
우주 11, 116, 123
운동 경기 20, 21
운송수단 98-99
원자 폭탄 111
원주민 90-91

에이브러햄 링컨

유교 48
유대인 110, 114-115
유목 41
음식과 식사 12, 23, 33, 44-45, 49, 85, 89, 91, 108, 122
음악 61, 74-75, 86, 100
의학 52, 122
이민자 100-101
이슬람교 24, 36-37, 59, 64
이탈리아 르네상스 60-61
인공지능 122
인종 차별 103, 118-119, 120
인더스 강 8-9
인도 9, 56, 57
인삼 53
인쇄 62, 79
인터넷 79
인형 11
일본 38-39
잉글랜드 66-67, 88-89, 112-113

ㅈ

자동차 98-99
자본주의 116, 117
장난감 10-11, 22, 49
재단사 84, 85
전염병 46-47
전쟁 20, 26, 34-37, 38-39, 40, 63, 65, 80-81, 84-85, 102-103, 106-107, 110-115, 117

제1차 세계 대전 106-107, 113
제2차 세계 대전 110-116
제임스 쿡 76
제임스타운 68
조선 52-53
조지 워싱턴 81
존 스미스 68
종교 개혁 62-63, 66
중국 40, 41-43, 46, 48-49, 53
진주만 111

ㅊ

참호 106
철도 89, 94, 97, 99, 101
칭기즈 칸 40

ㅋ

카누 76
카르낙 신전 13
카리브 해 72-73
카메라 94
콘스탄티노플 37
쿠란 59
쿠 클럭스 클랜 118

ㅌ

테노치티틀란 50-51
테디 베어 11
토머스 제퍼슨 81
투탕카멘 14-15
팀북투 58-59

ㅍ

파리 84-87
페드로 2세 94-95
포르투갈 56-67, 94
포카혼타스 68-69
프랑스 혁명 84-85, 86
플랜테이션 71

피난 112-113
피라미드 12, 51
피렌체 60-61

ㅎ

하와이 76-77
하워드 카터 14
학교 16, 18, 20, 39, 48, 50, 58, 59, 62, 78-79, 96, 102, 107, 108, 112, 118-121
한국 52-53
한성 52-53
해안 마을 33
해적 72-73
향신료 42, 45, 46, 56, 57
헨리 8세 62, 66
훈족 26-27
흑사병 46-47

제2차 세계 대전 당시 독일군 헬멧